诗意地行走

杨波教育教学随笔集

杨 波 著

武汉出版社
WUHAN PUBLISHING HOUSE

（鄂）新登字 08 号

图书在版编目（CIP）数据

诗意地行走：杨波教育教学随笔集 / 杨波著 . ——
武汉：武汉出版社，2015.5（2024.8重印）
ISBN 978-7-5430-9142-9

Ⅰ . ①诗… Ⅱ . ①杨… Ⅲ . ①中学语文课—教学研究
—文集②中国文学—当代文学—作品综合集 Ⅳ .
① G633.302-53 ② I217.2

中国版本图书馆 CIP 数据核字 (2015) 第 067261 号

书名：诗意地行走：杨波教育教学随笔集

著　　者：杨　波
出版策划：凤凰树文化
责任编辑：王冠含
特约编辑：杨　罡
装帧设计：凤凰树文化
出　　版：武汉出版社
社　　址：湖北省武汉市江汉区新华路 490 号　　邮　编：430015
电　　话：（027）85606403　85600625
http//www.whcbs.com　E-mail:zbs@whcbs.com
印　　刷：三河市天润建兴印务有限公司　　经　销：新华书店
开　　本：787mm×1092mm　1/16
印　　张：10.5　　字　数：177 千字
版　　次：2015 年 6 月第 1 版　　2024 年 8 月第 3 次印刷
定　　价：38.00 元

目　录

上编：我思故我在

下编：我歌故我在

序

　　杨波老师是一个有梦的人，《诗意地行走》就是他梦的一角。

　　他从乡间走来，包裹着一种农民的朴实与勤奋，二十多年来，心怀着希望与快意，在教育这方沃土上诗意而行，收获着绿色，摇曳着露珠，也闪射着阳光。和他相处的人，都被他的勤恳、努力与执着感染着，如今，他用《诗意地行走》感染着更多的人。

　　出一本自己的集子，对于大学教授或特级教师、名师来说，也许是轻而易举，小菜一碟。但我们都知道基层义务教育阶段的草根教师、平民教师，出书的还真的不多，他们的工作是繁琐而沉重的，大多数教师只是固守讲台，穿梭于办公室，流连于学生作业，而忽视了教育科研，忽视了自我的发展，也忽视了多彩的生活。杨波老师倾注二十多年的汗水浇灌而出的《诗意地行走》，无疑为广大义务教育阶段的基层教师点了一滴"风油精"，促人清醒，激人奋进，告诉我们的老师们：草根教师，同样有他们的草根理论、草根见解、草根经验。也许这生长在教室、讲台、办公桌、作业堆里的文字，更有亲和力，更有说服力，更有生命力。苏霍姆林斯基、陶行知等好多教育大家，不都是从学生间、教学间的平凡生活中走出来的吗？

　　教师的成长需要梦，需要一颗快乐的行走的心，也需要行动和积累。二十多年，堆沙成丘，集腋成裘，我们看到了杨波老师成长的轨迹，感受到了他的勤奋与快乐，无论对教育的理性思考，还是对教学的民主构建；无论是对课文的个性解读，还是对学校经验的经典总结；无论对学生的良苦关爱，还是对故乡的赤诚眷恋……都对教育教学、学校学生、生活生命有着独到的体验与感悟。这一切，都给予我们的一线教师以启发和激励：我们不是没有生活，而是缺乏发现；我们不是没有时间，是缺乏思维；我们不是没有行动，是缺乏积累；我们不是没有成果，是缺乏概括。当我们把教育当做"诗"去作，当我们把学生当做"儿女"去爱，当我们把生活当做"歌"去吟，我们会发现人生是如此短暂，生命是如此值得留恋。

杨波的诗意教学人生可以用坚韧、勤奋、执着概括！

说他坚韧，是指他能够二十多年如一日坚守住讲台，坚持走在基础教育的最前沿。更难得的是，他的行走并不是怨言着劳累的疲惫，而是如歌的诗意行板。从这洁白纸张的文字音符中我们看到了他的行动，他的汗水，他对教育教学的研究；从这一本《诗意地行走》中，我们读到的是他的反思，他的幸福，他的诗意人生；从这点点滴滴的墨香中，我们感受到他对教育、对孩子、对生活和生命的爱与情，用自己的爱与情回报着社会给他的爱与情。

说他勤奋，是因为我们可以想象，这近二十万字的文字，是他熬过了多少个日夜，一个一个敲击着键盘上的字符连缀而成的珍珠项链，又是多少思维凝聚而成的硕果？渐稀的华发、早衰的容颜早已告诉我们杨波的辛苦和勤奋，无私的坚守和生活的激情也告诉我们杨波的幸福与快乐。

说他执着，意在这二十多年的耕耘，二十多年的坚守，二十多年如一日，笔耕不辍，奋斗不息。这是一种意志，也是一种品质，而且还将继续坚持。人生有涯，而知无涯，把教书育人做成一份本职的工作，把立德树人当做行善积德的信条，把教育当做一种虔诚的信仰，这也许就是他的执着。

洗却铅华，返璞归真。杨波老师在基层学校苦苦耕耘，做真教育，做诗意的教育，聆听着他的且行且吟，这不是终结，而是开始；这不是全部，而是点滴。相信，杨波老师在基础教育的教学和班级管理中、在成长的生命中会诗意相伴，快乐相随，越走越远……

"微斯人，吾谁与归？"是为序，勉励杨波，亦为自勉。

上海市教委德育处处长　李兴华

杨波：痴心乐教育桃李

《工作与研究》杂志社编辑　徐　健

他是一个实践者，始终埋头耕耘于杏坛的底层；

他是一个快乐者，怡心于绿色的语文、诗意的教学；

他是一个思想者，坚持追求教育大家，渴望有理论建树；

他是一个创新者，即使无法超越他人，也要不断超越自己……

二十多年来，他秉持"低调做人，踏实做事，以事业为重，用爱心育人"的信念，且歌且行，走过了懵懂适应和实践创新，默默地将青春与追求、心血与智慧、信仰与勤奋编织成自己教书育人的精彩人生——先后获第五届全国教改新星提名奖、山东省优秀教师、山东省初中语文优秀教师、山东省骨干教师、日照名师、日照市初中语文学科带头人、日照市教学能手、日照市教科研先进个人、日照市优秀班主任等三十多项市级以上荣誉称号，他就是市新营中学语文高级教师、教务主任、校长助理——杨波。

追求如歌，志存高远

做一名学者型的智慧教师，是杨波老师矢志不渝的追求。

多年来，杨波一直沉醉书海，充分利用业余时间"充电"：读书，成了他的催眠剂；听说哪里有专家报告，只要有空他就主动跑去聆听学习；中午休息时间，他潜心研析名师、优质课教学实录。2003年参加"国家跨世纪园丁工程"骨干教师省级培训时，除聆听专家报告、参与理论研讨外，四十多天他读了五本近百万字的教育专著，做了一千二百多页的笔记。长期坚持不懈的学习，使他的教研工作硕果累累，在《山东教育》《语文学习报》等报刊发表文章二百多篇（则）。

杨波潜心治学，善于思考，创造的"学为主体、教为主导、思为主轴、以学定教的自主课堂教学""'四读'（读通、读会、读透、读新）文言文教学"和"序列写作教学"，得到省市教研室专家的肯定。他还将个性化阅读与文学教育相结合，"少教多学"，结合自身的创作优势，高效实施课堂教学，培养学生听说读写和自主学习的能力。每年中考后，他都认真研析试题类型，总结规律，归纳的"语文知识精华提要"，被校内外语文教师和学生奉为至宝，其所带班级学生的语文综合素质考核一直在全市领先。

"教育就是言行合一，就是用一颗心去感动、影响另一颗心，就是让每个孩子成为特立而成功的他自己，就是为孩子们奠定终生发展的根基……"一谈起钟爱的教育事业，杨波总是慷慨激昂、不能自已，额上青筋暴起，声音不由地提高八度，让人深切感受到他投身教育的热心、专一与激情。

爱心如歌，春风化雨

前苏联教育学家马卡连柯说过："没有爱，就没有教育。"杨波发自内心地去爱学生，关注学生的终身发展，不管他是"丑小鸭"，还是"白天鹅"。

他博采众长，以先进的教育教学理念引领班级管理和课堂教学，创造性地运用所学，转换角色，调整行为，钻研新时期独生子女多、生长发育期提前、个性行为张扬、心理问题凸现等特点，努力探索高效灵活的班级管理策略：日记，成了他和学生交心的平台；谈心，成了他与学生交流的主渠道。学生高某，失去学习兴趣，上课看小说，甚至与老师闹僵。接班后，杨老师用自己的人格魅力感染他，通过多次谈心，重新点燃了他对学习的热情，使他初中毕业后顺利考入日照一中。

他坚持"以人为本，以德治班，以爱育人"，采用轮流值日、小组分权等民主管理班级方式：学生轮流做班长，全权管理班级日常事务，记好班级日志，给每位学生创造锻炼的机会；开展"班级吉尼斯"，让学生争做"班级达人"，张扬个性；节假日，他给家长发短信关注学生学习生活……形成了学生自我管理、班主任引导、班干部辅助、任课老师配合、"人人有事干，人人为班级"的管理模式，实现了"每一朵鲜花皆芬芳，每一棵幼苗皆茁壮"的教育梦想。

他不过分看重分数，尊重学生的个性差异，注意发掘学生潜能，关注学生终生发展，利用一切契机"培养学生生存能力，提高学生生活素养，提高学生生命质量"。为了扩大学生阅读面，增加阅读量，杨波自费为学生买来《时文选萃》等，建起班级图书角；他创立了《蚂蚁爪子》班志，为学生创造特长展示平台；每年元旦，他给学生送去写满真诚祝福的贺卡，用真爱融洽师生关系；教室里，他摆上了花草，配备了应急"药箱"，于细微处关爱学生……

播撒爱心，收获真爱。教师节、元旦、春节，杨波都会收到来自世界各地的学生贺卡和短信，每到假期，一批批毕业的学生来看望他。有的同学说："老师，是您给了我'精神生命'，我要做第二个您。"有的同学说："多少次在梦中，又坐在教室里听您的课。"

……

"每年这时，都是我最幸福的时刻，我深深体会到了做老师的光荣与幸福。"杨波朴实的话语掩饰不住为人师表的骄傲与自豪。

生命如歌，无私奉献

生命如歌，有轻吟浅唱，也有黄钟大吕；生命如画，有浓墨泼洒，也有淡笔轻描。杨波一直用勤奋与奉献诠释着自己的平凡人生。

多年来，他一直担任语文教学、班主任、教研组长等工作。2008年6月，杨老师因声带息肉一个半月失声，但他仍坚持和学生一起备战中考，不能说就在黑板上写，给学生撑起精神支柱，直到中考完才做手术；女儿从小到大，他几乎没顾得上过问；父母远在临沂，他每年也就回去一两次。

2010年，杨波由普通老师被任命为新营中学教务主任，他立足于"教学服务"的职能，俯下身子、扎实工作，加强日常教学管理，开展"公开教学"等教研活动，积极组织校本培训，举办校园吉尼斯、经典诵读等学生活动，成了学校业务教学的"大管家"。2011至2012学年学校教学楼拆迁重建、学生分流，身兼数职的他受学校委托负责新营中学济南路小学校区一千多名学生五十多名教师的教学和日常管理工作，同时兼任班主任，教两个班的语文。每天上学放学时间，他都会在学校门口执勤；下午放学后，他一一检查门窗、水龙头、日光灯的关闭情况，直到送走最后一个学生才离开学校。济南路小学李洪江校长说："他一个人干了三个人的活，每一件事他都做得有条不紊，精益求精。"此外，他还发挥特长，协助学校撰写各种材料上百万字，白天静不下心，只能利用晚上时间，于是他养成了一个习惯：下班回家先写到十点左右，然后睡到凌晨两三点钟再起床继续写，五点钟左右再睡一个小时，然后起床上班。有的同事知道这件事后说："你简直是透支生命。"杨老师笑笑说："咱是农村孩子，能吃苦。"

虽刚近不惑之年，杨波却头发稀疏、华发早生。从他身上，我们读出了杨老师对教育事业的忠诚与挚爱、对工作的执着与勤奋、待人处事的诚实与善良，他就这样一路攀登，一路凯歌，用永无止境地学习、脚踏实地地实干、勤于思索地创新、矢志不渝地奉献，书写着自己的人生华章……

（此文发表在《工作与研究》2012年第 9 期 34-35 页）

耕耘在教育这方热土

—— 记山东省优秀教师杨波

《日照日报》记者　孙钦国

　　刚过而立之年，却华发早生，头发渐稀，然而透过他身上一连串的光环，我们不难看出他躬耕杏坛、矢志不渝、无私奉献的奋斗历程。从教十一年来，他先后被评为"东港区初中优秀教师、优秀班主任、东港区骨干教师、日照市骨干教师、山东省优秀教师"，在市级以上报刊发表论文二十余篇，辅导的学生多次在市、省、国家级作文大赛中获一等奖，被破格晋升为中学一级教师，他还是山东省中学语文研究会会员。他就是秦楼一中的语文教师杨波。

执　着

　　1992 年 7 月，杨波以优异的成绩，从日照师范学校毕业，被分配到秦楼一中任教。面对众多拥有专科、本科学历的同事，只有中师水平的他明白，要想站住脚，必须认真自学，努力提高自身水平。于是他每天 5 点起床，晚上 11 点多才休息，利用业余时间，勤奋学习，分别于 1995 年、1997 年以优异成绩取得了专科和本科学历。他的学习并没有因为取得文凭而终止，学习的惯性似乎使他收不住自己的脚。他的家里到处是一摞摞有关教育学、心理学和科技等方面的书籍和杂志……平日中午休息时间，他借来学校征订的录像带、VCD 片等，利用教室的电教设备，看了一遍又一遍，记了一本又一本。2002 年 10 月，他参加"国家跨世纪园丁工程"省级骨干教师培训，除认真听取专家的报告、参与理论研讨外，

40 多天的时间他做了三本 1200 多页、20 多万字的笔记，阅读了 5 本近百万字的学术专著。

由于他以惊人的毅力自学，知识水平和业务能力不断提高，教学成绩在全街道乃至全区名列前茅；1997 年，他所执教的两个班的语文成绩名列全街道 22 个平行班第一、第二；1998 年、2000 年，他所教班级语文成绩在中考中名列东港区综合考评第一名。

繁　忙

杨波老师担任两个班的语文课教学工作，同时身兼班主任和年级组长。他每周上课 20 多节，还要收发本级部教师上交的各类材料，找学生谈心、接待家长、参加教研组的活动等，时间排得满满的。此外，他还兼任学校通讯报道员，先后在市级以上刊物、广播电台等媒体上发表稿件 20 余篇。1998 年他兼任学校教师基本功辅导教师，每周三利用业余时间辅导全校近百名教师的简笔画教学，并批改他们的作业，2000 年兼任《现代教育导报》《少年天地》驻秦楼一中记者站站长，每天不到 5 点，他就赶到学校，和学生一起跑操，晚上查宿舍到 9:30 以后，一天三顿饭在学校吃食堂……

挚　爱

2000 年中考在际，学生范丰亮无钱报考，他是一个品学兼优的学生，父亲早逝，多病的母亲拉扯他们姐弟三人，生活极为贫困。面对学生的窘况，看着范丰亮那噙满泪水、无奈的渴求知识的眼睛，杨老师毅然拿出钱为他报名，使他顺利考上日照实验高中，之后，杨老师又到实验高中向学校领导说明学生的贫困情况，为他申请了助学金。今年高考，范丰亮被安徽大学录取，他母亲激动得逢人就说："如果没有杨老师，就没有我孩子的今天。"杨老师对自己的生活要求很苛刻，可他每年为学生寄稿件、垫付医疗费等都要数百元。

杨波老师对学生的爱是那样多，可对于自己的亲人，付出的爱却又那样的少。1992 年至 1994 年，杨波老师的爷爷、奶奶、姥爷等七位亲人先后去世，他却没能在他们的灵前鞠一躬，他不是忙于外出学习，就是忙于工作。1996 年结婚时，直到婚期前一天，他才回家，婚前的准备工作全由家人操办，婚假未满，他又和妻子一起走上讲台。

杨老师在 1999 年日照市师范类大中专毕业生培训会上曾说："既然选择了教师这条路，我就要无怨无悔、脚踏实地地走下去。我将全力去拼搏、去耕耘、去奉献，实现自己的人生价值。为使教育这方热土更加肥沃，我愿把年轻的生命和宝贵的青春、满腔的热血奉献给我所钟爱的教育事业。"从杨波老师的铮铮誓言中，我们看到了这位年轻教师火热的心、奉献的情、执着的爱。我们也衷心地祝愿杨波老师：百尺竿头，更进一步，为教育事业做出更加辉煌的贡献。

（此文发表在《日照日报》2003 年 9 月 9 日第三版、《东港通讯》2003 年 9 月 2 日第三版）

我 思 故 我 在

上
编

行走在绿色的语文中

语文教学的基础与核心

语文，其基本含义为语言文字，亦即口头语言与书面语言。中学语文教学应重视语言教学，语言教学是整个语文教学的基础与核心。

中学语文是一门综合性学科，它具有工具性、思想性、文学性、知识性、社会性等，但其本质属性是工具性。它是人类思维和交际的最重要的工具，在现代社会是信息的主要载体，对于中学生来说，它是学习各门功课获取知识的工具。语文学科的其他性质都是通过其工具性来体现的。

语文这个工具跟其他工具有相同的一面，这就决定了语文教学必须切切实实地在训练中使学生学会操纵和使用语文工具，即着眼于字、词、句、段、篇的运用能力，不能离开这种训练去空讲大道理，空讲理论知识；语文这个工具又有与其他工具不同的一面，这又决定语文教学必须把训练学生运用字、词、句、段、篇的能力和训练学生理解语文所表达的思想的能力结合起来，不允许把二者割裂开来，对立起来。

中学语文的工具性决定了中学语文教学的基本任务是培养学生实际运用语言文字的能力，亦即读、写、听、说的能力。当然，中学语文还有其思想性、文学性、知识性、社会性等，这就决定了中学语文的任务还有思想教育、文学教育、知识教学等。但思想教育是通过语言文字对学生的思想感情起熏陶感染、潜移默化的作用的；文学本身就是语言艺术，它能培养学生健康的审美情趣和鉴赏能力，并引导学生运用生动活泼的语言文字；知识教学要力求做到精要、易懂、有用，要和课文结合起来教学，紧密联系学生读、写、听、说的实际，要着重于运用而不要讲得过多。

总之，只有教学生学好语言文字，才能完成教学的整体任务，而思想教育、文学教育、知识教学都不能脱离语言文字。语言训练是整个语文教学最基本的任务。

加强语言文字训练，要重点处理好以下几个方面的关系：

一、文与道的关系

我们讲究"文道统一"，"文"指语言形式，"道"指思想内容。文道统一即语言训练与思想教育有机结合。我们分析教材必须"因文解道，因道悟文"，即首先把语言文字弄清楚，从而进入思想内容，再从思想内容中走出来，进一步理解语言文字是怎样运用的。也就是说，从语言文字出发再回到语言文字。

二、读、写、听、说的关系

新课程标准提出了读、写、听、说四项能力的要求，这是对传统语文教学思想的一个重大发展。从语文能力的结构来说，听、说、读、写缺一不可，四者并重。从中学语文训练的角度看，中学阶段的语文训练侧重于读写，而又不忽视听说。

三、语言训练与思维训练的关系

语言训练与思维训练相互凭借，互为表里，它们二者必须有机地结合在一起，这实际上是抓住了语言训练的肯綮之处，它必将加速理解与运用语言能力的形成，反过来，又将促进思维品质的优化和思维能力的发展。

四、课内教学与课外活动的关系

课内是基础，课外是课内的实践、补充和延伸，二者如语文教学的两翼。掌握语文这个工具，必须经过大量读、写、听、说的实践才能形成。因此，课堂上要转变"单纯地传授知识、教学生学会"为"打好基础，培养能力，发展智力，使学生会学"。要重视读、写、听、说的语言训练。同时，语言具有广泛的社会性，组织各种专门的课外活动可以促进巩固课堂训练的效果。另外，应用语文无时无处不在，它渗透于社会生活的各个空间，也是进行语文训练得天独厚的形式。

汉语，有着悠久的历史性、丰富的知识性、高尚的审美性和广泛的社会性。中学语文中，语言是对学生进行思想教育、文学教育、知识教学的物质外壳，是它们的载体。因此随着素质教育的深入开展，中学语文教学必须突出以语言训练为主线，重视读、写、听、说能力的训练，培养学生应用语言的能力，进而促进其他能力与素质的发展。

（此文发表于《语文教学与研究》1999 年夏季特刊 80 页）

构建以学为主的阅读教学　全面提高学生语文素养

摘要：《构建以学为主的阅读教学，全面提高学生语文素养》以建构主义理论、加德纳多元智能理论和陶行知的民主教学理论为指导，探寻新课标下的阅读教学新方法，旨在构建以学为主的阅读教学新思路，提高学生的语文素养，培养学生终身学习的能力。

论文共分三个部分：第一部分是以学为主的学习方式转变的理论依据和背景；第二部分为以学为主的语文阅读教学产生的条件和培养目的；第三部分介绍以学为主的课堂阅读教学的思路和课外阅读的形式。

关键词：以学为主　　阅读教学

学生终生学习的能力和个人发展，归根到底是学生自我学习的结果。所以，实施以培养创新精神和实践能力为重点的素质教育，重要的着眼点就是改变学生的学习方式。

传统教学中，学生的学习偏重于机械记忆、浅层理解和简单应用，重视的是"双基"（基本知识与基础技能），忽视了过程与方法、情感态度与价值观，学生被动地接受老师的灌输，不利于学生创新精神和实践能力的培养。针对这一状况，当前课程改革和教学改革的一个重点就是通过教学理念的转变、教材的更新以及教学目标、内容和途径方法调整，帮助学生改变原有的被动接受式的学习方式，形成一种联系生活解决实际问题、主动探求的主动积极"以学为主"的学习方式。

建构主义认为，学习不是教师向学生灌输知识，而是学生根据自己的成长经验积淀知识、建构自己的过程，不是简单的信息的输入、存储和提取，而是新知识与旧经验之间的内化。建构主义学习理论强调学习过程以学生为中心，教师只是教学活动的组织者、指导者、帮助者和促进者，利用情景、协作、对话等环境要素对学生进行支架式教学，尊重学生的主体性、主动性、积极性和首创性，注重分析问题、解决问题和创造性思维能力的培养，最终建构学生终生发展的能力。这一点正是时代发展对教育提出的迫切要求。

美国心理学家加德纳的多元智能理论则指出：我们要正视学生的智力差异，在全面开发学生大脑里的各种智能的基础上，为学生创造多种多样的、适宜的、能够促进学生全面充分发展的教育方法和手段，创造丰富的展现各种智能的情景，给每个学生以多样化的选择，使其扬长避短，从而激发每个人潜在的智能充分发展。

陶行知也指出："要解放儿童的头脑，使其从道德成见、幻想中解放出来；

解放儿童的双手，使其从'这也不许动，那也不许动'的束缚中解放出来；解放儿童的时间，不过紧安排，给予民主生活和自觉纪律。"我们要善于为学生创造选择的权利，让他自己去做主；给孩子一些机会，让他自己去体验；给孩子一个问题，让他自己去解决；给孩子一片空间，让他自己向前走。创造是每个人能够做到又必须做到的事情。创新活动是人的生命活动的本质。这就要求我们善于创设开放的教学情景，营造积极的思维状态和宽松的思维氛围，肯定学生的"标新立异""异想天开"，进而激发学生的创新热情，培养学生的创新精神。

以学为主的阅读，就是在这种理念指导下应运而生的，它着眼于学生个体的精神世界，以学生的终身学习和生存发展为本，培养学生的创新精神和实践能力。

语文是工具性和人文性很强的学科，作为国语教学，对从小就接触语文的青少年来说，更具有得天独厚的自我学习、自我探究的条件。语文素养是学生练出来的，悟出来的，不是老师讲出来的、教出来的。所以在语文教学中，我们更应该推行以学为主，以培养学生终生学习语文的能力为己任，努力提高学生的语文素养。

综合实践活动课为以学为主的学习方式的转变提供了新的生长点。近年来，活动课作为一种与学科课程相区别又相补充的课程类型，在学校教育中广泛实施，为素质教育的全面推进拓展了极其重要的阵地，很受学生欢迎。实现活动课与语文学习的整合，结合研究性学习，为新时期语文课的发展和水平的提升，找到了一个新的生长点。

新的课程标准评价，强调的不再是甄别和选拔，而是促进学生的发展、教师的提高和改进教学实践的功能。已有的实践经验也表明，每个学生都具有充分的发展潜能，具有发展创新精神和实践的能力，学习成绩差的同学，其探索欲望和解决实际问题的能力不见得就比别的学生差。

"以学为主"就是要面向全体学生，把学生视为学习和发展的主体。

让学生学会学习，掌握学习的方法，提高自学能力，养成良好的语文学习习惯，全面提高学生的语文素养，培养学生的创新精神和实践能力，以适应学习化社会和终生教育发展的需要。

面对新课改的语文阅读教学，我们分课堂教学和课外阅读，整体规划，大胆试验"以学为主"的阅读教学。

一、阅读课

以自学—质疑—讨论—点拨—拓展的思路进行学习。强调阅读课一定要"读"，采取诸如"我当播音员"、"配乐朗诵"、分角色朗读、计时阅读、定量阅读等方法，训练学生的朗读、略读、默读、浏览等能力，培养学生的语感。很难想象，学生不读课文就能正确地探究课文中的问题，即使接受老师的"灌输"，也不能内化为自己的知识和能力。要注意分层递进，构建整体感知—研读品析—拓展延伸的探究式阅读教学程序，以培养学生的自主、合作、探究的能力。教师眼中要有学生，不能教没有"人"的书，对教材的使用要做到"用教材教"，而不是"教教材"。

（一）自学→探究→积累，培养处理信息的能力。

从认知心理学信息加工理论的角度看，学生开展学习的过程，实质上就是信息处理的过程。与以记忆、理解为目标的一般学习方式相比，以学为主的阅读过程师生围绕需要研究解决的问题展开，以解决问题和表达、交流为结束，培养学生发现和提出问题的能力，提出解决问题的设想的能力、收集资料的能力、分析资料和得出结论的能力以及表述思想和交流成果的能力，并要掌握基本的科学方法，学会利用多种有效手段，通过多种途径获取信息，在一个开放性环境中培养学生自主聚合加工处理信息的能力。主要包括整体概括课文的内容，复述课文的大意，谈对课文的第一印象、第一感觉，使学生整体把握课文内容，形成知识、能力框架，产生预设目标和阅读内驱力。

1. 初读课文，谈谈自己在预习中学会了哪些知识，读懂了哪些内容。

2. 学生提出学习中的疑难问题。

3. 教师引导学生有选择地解决不明白的地方，确定重点、难点问题。

（二）合作→研析→体验，发展创新精神，学会应用知识。

以学为主，让学生在预习、查阅资料的基础上，以小组为单位，就课文的各个侧面，多角度地提出自己的看法或疑问，并寻求其他同学或教师的帮助，实现师生、生生互动。

1. 让学生带着问题自己读书，自己思考，自主领悟。

2. 教师巡回作精而简的疏导点评，帮助学生解决心中的疑惑。

（三）展示→交流→表达，学会沟通与合作。

现代科学技术的发展都是人们合作探索的结果，社会人文精神的弘扬也把乐于合作、善于合作作为重要的基石。但是在以往的课堂教学中，培养学生合作精神的机会并不多，且较多停留在口头引导鼓励的层面，很多还是说教。以学为主的课堂阅读教学，就是通过学生对研析结果的汇报，让学生除获得知识、语文能力的发展外，在社会交际、人文情怀等方面也得到发展，教师对学生的表现做中肯的评价。同时，由于受现代社会一些不良文化的影响，要注意培养学生正确的价值取向，引导学生树立正确的人生观和世界观，学会与人合作。

1. 小组汇报。

2. 形成合理的体悟（允许有分歧，但必须合情合理）。

（四）拓展→迁移→提升，发展对社会的责任心和使命感。

自主学习阅读活动，以培养学生语文能力和语文素养为主要任务，为学生的终身学习和发展以及社会责任心和使命感的发展创造有利条件。拓展过程中，师生要精选延伸的内容，让学生结合课文"举一反三"，挖掘总结阅读的规律和经验，不但升华语文知识、语文能力和素养，而且要提升创造力，提升对社会、国家、人类、环保等的认识，实现"教是为了不教"。同时，这也是学生对知识与技能、过程与方法、情感态度与价值观三维目标达成情况的检验。

某节课教学任务的完成与否并不影响学生整体的发展，最重要的是培养学生自主学习的能力和创新素质，这是学生发展、也是教学发展的根本后劲。课堂教学应该关注在生长、成长中的人的整个生命，对智慧没有挑战性的课堂是不具有生成性的，没有生命气息的课堂教学也不具有生成性，从生命的高度看，每一节课都是不可重复的激情和智慧综合生成的过程。

1. 阅读提高，拓展延伸。

2. 迁移阅读，比较或写作。

二、课外阅读

课外阅读是课内阅读有益、有效的补充。新教材语文课本课内阅读量较小，这就要求教师要根据教材和教学的需要，三年整体规划，择定内容，制定读书目标，积极引导学生发挥自身和地方优势，开发校本课程，在实际阅读中端正学生的阅读态度，增加学生的阅读量，扩大学生的阅读面，教给学生读书的方法，培养阅读习惯，提高阅读能力，丰富学生的内涵素养，让学生在循序渐进中得以发展。

（一）上好课外阅读课。

每周用1～2节课，专供学生课外阅读。教师从学校征订的报刊和图书中筛选，或学生自备读物，然后指导学生阅读、做摘记、写心得，教给学生阅读的方法。阅读的内容主要有《读者》《青年文摘》《青年博览》《作文通讯》《语文报》《初中生学习指导》《校园文学》等。

（二）重视古诗文积累。

早读时间，除让学生朗读、背诵课文外，每天给学生补充一首（篇）优美的诗（文），供学生积累、背诵，学生根据自己的实际情况读背，以不加重负担为前提。一段时间下来，学生就能积累一笔宝贵的财富。

（三）建立图书角。

师生自捐图书，在教室开辟图书角，许多优秀作文选甚至名著出现在架上，学生利用课余时间"借阅"，达到资源共享。

（四）开展图书借阅。

学校图书室拥有许多中外名著或其缩写本等，班级应设立图书管理员，让学生每两周借阅一次，寒暑假允许学生每人借1～2本长篇名著带回家阅读，形成制度，使学生拥有较为丰富的课外阅读资源。

（五）美文传阅。

让每位学生利用一周的时间于学期初和期中筛选一篇优秀的美文，认真誊抄或打印，教师编号，然后发给学生流水阅读，每天定时交换，这样保证学生每天阅读一篇美文。

课内以学为主与课外阅读有机结合，能有效转变学生的学习方式，扩大学生的视野，丰富阅读的资源和内容，绝大多数学生能养成良好的阅读习惯，促进学生说写水平的有效提高。

（此文曾获山东省教学论文评选一等奖）

参考文献：

［1］日照教研室.日照教研［J］.1992,3.

［2］钟启泉等.为了中华民族的复兴，为了每位学生的发展［C］.武汉：华中师范大学出版社，2002.

［3］朱慕菊.走进新课程［C］.北京：北京师范大学出版社，2002.

［4］苏霍姆林斯基.给老师的建议［C］.北京：人民教育出版社，1985.

［5］李卫东.创新构建理解：中学语文教学参考［C］.太原：山西师范大学出版社，2002.

［6］语文课程标准解读.武汉：湖北教育出版社，2002.

［7］朱志华等.自主探究学习模式简论.［EB/OL］.http：//www.pep.com.cn/200406/ca47/969.htm.2005,3,15.

［8］洪欣.着眼于学生学习方式的转变.关于高中实施"研究性学习"的构想［J］.上海教育情报，2000.

［9］张华，刘万海.论"研究性学习"的课程与教学论意义［J］.教育科学研究.2005，1.

"少教多学"，全面提高学生语文素养

学生知识的获得、能力的提高、行为习惯的养成，归根到底是学生学习的结果。传统教学条件下，多数学生偏重于机械记忆、浅层理解和简单应用，重视的是知识与技能，忽视了过程与方法、情感态度与价值观，仅仅立足于被动地接受教师的知识灌输。这种学习方式不利于学生创新精神和实践能力的培养。因此，有必要帮助学生改变原有的单纯接受式的学习方式，形成一种对知识进行主动探求，并重视实际问题解决的主动积极的学习方式——少教多学的学习方式。

建构主义理论认为，学习活动不是由教师向学生传递知识，而是学生根据外在信息，建构自己的背景知识的过程。每个学习者都以自己原有的经验系统为基础对新的信息进行编码，建构自己的理解，而原有知识又因为新经验的进入而发生调整和改变。学习过程并不简单是信息的输入、存储和提取，而是新旧经验之间的双向的相互作用过程。建构主义教学是以学生为中心，在整个教学过程中教师起组织者、指导者、帮助者和促进者的作用，利用情景、协作、会话等学习环境要素，充分发挥学生的主动性、积极性和首创精神，最终达到使学生有效地实现对当前所学知识的意义建构的目的。

少教多学，就是要面向全体学生，把学生视为学习和发展的主体，通过学生自主探究、小组合作、师生对话等多元多维的活动，积极构建知识、解决问题，达到提高创新精神和实践能力的目的。它以学生的终身学习和生存发展为本，强调学生学习的探究意识、问题意识和合作意识，更加关注学生的"精神世界""价值世界"与"体验世界"，教师和学生从"经验"走向"体验"，在情境对话中获得关于知识和自我统一的认识与情感的动态性、人本化与个性化的体验，学生的主体地位、创新潜能和实践能力在活动中得以自然发展，使教师和学生最终走上思考探究和思维解放的终身发展之路。在教学过程中，教师起组织、指导作用，更多的是学生的自主性、探索性学习活动。要给学生创造选择的权利，让他自己去做主；给孩子一些机会，让他自己去体验；给孩子一个问题，让他自己去解决；给孩子一片空间，让他自己向前走。要善于创设开放的教学情景，营造积极的思维状态和宽松的思维氛围，肯定学生的"标新立异""异想天开"，进而激发学生的创新热情，培养学生的创新精神。如何在阅读课中深入实施"少教多学"呢？

一、尝试自学，投入探索，发现问题，培养信息收集和处理能力

少教多学的阅读过程围绕需要研究解决的问题展开，以解决问题和表达、交流为结束。在开放性环境中培养学生发现、提出以及解决问题的能力，自主聚合加工处理信息的能力，表述思想和交流成果的能力。

二、合作探究，解决问题，发展创新精神，尝试相关知识的综合运用，获得亲自参与研究探索的积极体验

自主学习的过程，是情感活动的过程。让学生将预习所获得的成果，以 4 ～ 6 人为小组，就课文的各个侧面、多角度地提出自己的看法或疑问，并寻求其他同学或教师的帮助。教师要开合自如，预设目标，在实施过程中要开放性地纳入直接经验、弹性灵活的成分以及始料未及的体验，注重课堂生成，鼓励过程中的即兴创造，超越目标预定的要求。师生的经验、理解与知识在这一过程中达到充分共享，实现师生、生生互动。通过让学生自主参与、积极参与、获得体验，逐步形成一种在日常阅读和语文学习与生活中喜爱质疑、乐于探究、努力求知的心理倾向。

三、展示汇报，表达交流，学会沟通与合作，激活各种学习中的知识储存

少教多学的课堂阅读教学是人际沟通与合作的过程，在活动中锻炼了学生的读写听说能力，让学生畅谈学习的收获和感受，将课文与自然、社会、人生联系起来，把语文学习放到更大范围、更高层次上去，使学生在获得语文知识、形成语文能力的同时，也获得人文上的发展。教师对学生的收获和感受可给予肯定性的、鼓励性的评价。

四、赏读提高，迁移阅读，发展对社会的责任心和使命感

在学习的过程中，学生不但要努力提高自己的创造性和认知能力，而且还要学会关心经济的发展、环境的保护、社会的进步、祖国的前途、人类的命运等，使自己的精神境界得到升华。教师要精选拓展延伸的内容，使学生能触类旁通，运用所学的知识、方法解决类似的或相关的问题，真正实现"用教材教"的目的。

少教多学的阅读教学，它的突出特点是强调学生自主性、独立性、能动性和创造性，强调"以学生为本"的课程发展理念，重视学生获得亲身参与研究探索的体验，使学生产生探究的兴趣，发现问题；然后通过搜集资料、比较异同、评价鉴赏、焦点争论、质疑问难、共同研讨、实验操作、社会调查等途径，在开放的环境中，培养学生发现问题和解决问题的能力，培养收集、分析和利用信息的能力，并在探究的过程中学会分享与合作，把培养学生的自主创新精神与培养学生在学习过程中的独立性与互动性、激发生动活泼的对话的环境结合起来。这样，就成功地变"教师教为主"为"学生学为主"，突出学生的主体地位；变学生"被动接受"为"主动探究"，增强了学习的自主性；变"要我学"为"我要学"，提高了学习的自觉性；变"教师问、学生答"为"学生提问、师生共同探究"，注重学习的合作性和探究性；变"教后学"为"学后教"，充分发挥学生的主观能动性和创造性。使传统教学中单向的知识传授，转变为师生在探究活动中，通过发现、探索、钻研、验证、感悟、创新等途径，把学习内化为自己的知识和技能的过程，将学生学习的过程转变为合作探究的过程，从真正意义上培养了学生的钻研精神、探究意识和学习能力，构建起和谐发展的语文学习环境。

（此文发表在《教育艺术》2013年第10期16-17页）

由"快乐足球"浅谈"快乐教学"

米卢的"快乐足球"，使中国足球冲入世界杯，圆了中国人多少年的足球梦，成为中国人民的一大喜事。与米卢身份极为相似的教师，能否也为教育来一次"快乐教学"，给我们的课堂带来一点"活力"，让我们的学生放松一下心情，让学生在轻松、愉快、和谐、宽容中学到知识、提高能力呢？我想，答案是肯定的。

记得当初米卢刚到中国执教时，许多人对他的做法不解、疑惑，媒体也多有报道，但最后怎样？不是赢了吗？不是踢入世界杯了吗？现在中国教育的现状，我觉得不亚于当初的中国国家足球队，国际、国内形势的挑战，特别是独生子女的现状，使社会、家长给予老师、学生的压力、期望越来越大，越来越沉重，不亚于当初国人对中国足球的热望。教师的传统教学以知识传授为中心，以考试为目的，把学生拖入了旷日持久的题海大战；学生则成了被动的、消极的等待被灌输的"瓶子"，成了书本的奴隶、教师的"应声虫"、考试的工具……失去了应有的个性、天赋、活力、棱角……

要使我国的教育走出低谷，可以借鉴米卢的"快乐足球"，我们的课堂教学应该来一点"快乐"，来一点"笑料"，来一点活动，来一点轻松。何必搞得如此紧张、如此繁忙，教师整天逼着学生听写、背诵、检查，学生整天五点起床、十二点休息，忙于作业、练习、考试……可能许多人对"快乐教学"还存在怀疑，中国足球的成功不已雄辩地证明了这一点吗？当然，改革毕竟有风险，但是，不改革不永远是一潭死水吗？中国孩子的前途在哪里，中国教育的走向如何，这不能不引起每一个教育工作者深深的思索。

"国运兴衰，系于教育"，教育兴衰，系于教师，关键又在课堂。加强课堂教学改革，势在必行。"快乐教学"就是要改变传统的"做题式"教学，建构立体开放式的教学模式，创造和谐、民主的教学氛围，使学生在宽松、愉快、和谐、民主的氛围中学到知识、求得发展。这并不是完全背离知识的教学，相反，能促进知识的转化，提高学生的实践能力，融洽师生关系，树立健康的心理，培养健全的、合格的人才。它能够强化个体的参与意识，使学生的身心、知识能力、创造力协调发展，最大限度地锻炼学生的创造性思维能力，变"苦学"为"乐学"，变"要我学"为"我要学"，没有了师生间的那股"粉笔灰"味，没有了压抑感和沉闷感，课堂气氛活跃，实现多维互动，师生、生生能平等交流，使将来社会大大减少那些高分低能的"残次品"和"书呆子"……

"快乐教学"除了要更新观念、提高认识外，还要从方法上加以探讨。课堂上，教师可通过问答式、讨论式、座谈式、演讲式、辩论式、表演式、游戏式、竞赛式等各种形式，让学生动口、动手、动脑。课堂上紧扣课本内容的一句小笑话，使学生在不经意间印象深刻地掌握了知识；一次亲自动手实验，使学生兴趣大增，绝不会再恹恹欲睡；一次课本剧的表演，既让学生加深对教材的理解，又锻炼了学生的交际能力和创造性思维；一次摇头晃脑的朗诵会，使学生在热闹的气氛中学会了古诗文，仿佛又回到古代，体验到古人的生活、性情，也能使学生对古诗文产生兴趣；音乐的导入，会增强学生的兴奋性，提高学习效果。走出课堂，一次郊游、一回购物，都是学习知识的好机会；一次实际的调查，也能加深对课本知识的理解；学《苏州园林》，走入苏州园林；讲鸦片战争，参观虎门炮台……这些活动，培养了学生自主、合作、探究的学习方式，强调了学生学习方式的转变，强调了学习和发展的主体是学生，学生在课程与教学中得到真正的确认和尊重。

"快乐教学"能大大拓宽学生的学习空间，扩大学习的范围，使教学延伸到学生生活的各个领域。"快乐教学"应面向社会、面向生活、面向时代、面向大自然，既要以教材为基点，站在时代的高度和社会的角度进行教学，缩短教材与学生的心理距离，使课堂教学充满时代和生活气息，又要通过课外活动去扩大知识领域，让学生接触社会、接触大自然，把课内的知识和技能在课外得到有效的巩固和应用，在强调基础性的同时，注意综合性和实践性。教师要让学生贴近生活、参与生活、感悟生活，在快乐的生活、活动中扩大视野，增进知识积累，激活思考，发展能力。教师要转换角色，变"一言堂"的堂主为活动的组织者、指导者、参与者，师生关系融洽，无论课上、课下，都能平等地交流，无论在教学内容或在教学方法方面，学生都可对教师的观点进行肯定、补充、质疑，甚至否定。教师要努力创设和谐快乐的教学氛围，要和蔼可亲地对待每一位学生，特别是学困生，要注意多与他们进行心理沟通，鼓励他们积极参与课堂组织的快乐活动，以唤起他们的学习热情。当学生对教学内容或方法提出自己的处理意见时，教师要鼓励学生大胆发言，学生如果有创见性的发言，各种各样的"奇思异想"，教师应当给予诚恳的表扬，保护、激励学生的求知欲、好奇心和创造性。只有实现了教学的民主化、快乐化，学生的积极性才能得到保护，人格才能得到尊重，他们才会主动思考，踊跃发言，并在不断尝到成功喜悦的过程中增强自信，学出兴奋性，踢出最好的"球"。

"快乐教学"，在愉快中学习，在轻松中提高，在高兴之余培养能力，在民主的氛围中获得进步。每一位教育工作者，米卢已经为我们做出了榜样，我们何"乐"而不为呢？

（此文发表在《山东教育》2002年第35期47页）

在提问中培养学生的创新能力

教育，要使学生敢于思考，善于思考。教学应当注重学生自己的思维过程，而不能仅仅提供前人思维的结果。这就要求教师要善于创设开放的教学情景，营造积极的思维状态和宽松的思维氛围，肯定学生的"标新立异""异想天开"，努力保护学生的好奇心、求知欲和想象力，进而激发学生的创新热情，形成学生的创新意识，培养学生的创新精神，训练学生的思维能力。学，贵在"问"，教师要引导学生敏锐地提出问题，系统地分析问题，灵活地探索解决问题的多种途径和方法。在语文阅读教学中，指导学生自寻问题、自提问题，是培养学生创新精神、训练学生创新性思维的重要途径，也是学生需要掌握的重要的学习方法，能充分发挥教师的主导作用、学生的主体作用，体现合作教学、探究教学的要求。

那么，如何结合阅读教学培养学生提问题的能力呢？我觉得可以从以下几个方面对学生加以指导训练：

一、抓课题，想问题

课文题目，是文章的灵魂，是文章的眼睛，它高度概括文章的主题。透析课题，能窥视课文的结构、内容等。上课伊始，投放课题后，教师可先不做题解，而是启发学生："看到课文题目，你想到了什么？你想知道什么？"等类似的问题，诱发学生的好奇心，激发学生的探究兴趣，发展学生的创造性思维，提高学生整体感知课文的能力。

如学习《向沙漠进军》一文，通过题目，加以诱导，学生自然而然地提出"改造沙漠为什么叫'向沙漠进军'？""为什么向沙漠进军？""怎样向沙漠进军？""向沙漠进军的好处？"等问题，同时，我还及时引导学生变换角度分析问题，如"为什么向沙漠进军？"还可以怎样提问？学生很容易说出"沙漠有什么危害性？""为什么把沙漠当做'敌人'？"等问题，激发起学生对课文内容的探究兴趣，保护了学生思维、选择和尝试的权利，使学生的个性、能力和创造力得到发挥，营造了民主和谐的教学氛围。

二、选段落，找问题

在阅读教学中，选取一个或几个典型的、有代表性的自然段，选点重敲，让学生从中概括问题，培养学生自我发现问题的能力，进而提高学生阅读的本领，达到"教师'教'是为了'不教'的目的"。如教授《从百草园到三味书屋》一文时，我选取第二、第九自然段，大胆放手让学生结合自己对课文的理解或查阅的资料而提问，学生放开束缚，大胆发言，回归其自然天性，从不同的角度提出问题近 30 个，涉及字词的音形义、结构层次、写作角度、语言特色等多个方面。有的问题，虽提得比较简单、幼稚，但打开了学生敢于发问的大门，我及时加以引导、鼓励，保护了学生敢于提问的积极性；有的问题提得比较巧妙，连我这个从教十年教过这篇课文三四遍的语文老师都感到新鲜，我实事求是地承认连自己都未考虑这么周全，鼓励学生敢于突破，敢于创新……每次处理这样的段落，我都让学生尽情提问，直到没有学生再举手为止。

采用这种方法，全体同学集思广益，积极思考，跃跃欲试，没有了老师提问学生回答的距离感、隔膜感、压抑感，课堂气氛热烈，充分调动起学生参与课堂的积极性，问题提得全面，课文理解得深入，课堂效果极佳。

三、定答案，安问题

教学的一般思路先提问题，然后读课文、思考、找答案。在实际教学中，反其道而为之，先出示答案，再让学生针对答案从不同的角度提问，往往能收到"牵一发而动全身"之效。确定答案的内容要有针对性，一般以文中的重点词句作为答案的内容，以便于学生联系上下文提问。例如《小橘灯》一文，我指出：小橘灯象征了小姑娘镇定、勇敢、乐观的精神，让学生发问。学生先后提出了"文中小橘灯的作用是什么？""小橘灯与小姑娘之间有什么内在联系？""课文为什么详写小姑娘制作小橘灯这一细节？"等问题。采用这种方法，能培养学生的求异思维，启发学生从不同的角度去发现问题、提出问题、研究问题、解决问题，使之更加深入地理解课文内容，使学生得到了学习方法，提高了学习能力。

四、遇难点，比问题

在经济一体化与专业分工日趋精细的大趋势下，合作意识与合作能力已经成为人们生存发展的重要品质。教学中，常常遇到一些百思不得其解的重点、难点问题，为了激发学生发现问题的热情，课堂上可进行"答""问"比赛，为学生养成合作意识与发展协作能力搭建舞台，营造学习、探索和研究问题的环境氛围，建立对话式、交互式的学习方式。

具体做法是将学生分成两大组，相互交换提问、回答，可指名回答，可抢答，形式不拘一格，哪一组问题提得多而好，答得快而准，哪一组就获优胜。当有的问题学生无法回答时，就要联系重点词语或上下文加以理解，或者让两组辩论。教师不要急于肯定某一组的观点正确与否，随着辩论的深入，问题会越辩越清楚、明白。

通过这种提问比赛，给学生提供了相互交流、共同切磋的机会，创设了相互协作、共同参与的环境，在充满合作机会的个体与群体的参与式交流中，使学生成为学习的主人，在平等民主的基础上与他人合作，发挥同学间相互影响、相互启发的教育作用，让学生在主动参与的活动中完成合作意识的内化与协作能力的提高。

有人说："能提出一个问题，胜似回答十个现成的问题。"在阅读教学中，培养学生提问题的能力，不仅能激发学生的积极性，启发学生的创造性思维，培养学生的创新精神、探究精神和合作意识，让学生充分发挥主观能动性，主动地、有见地地学习，而且有利于发挥教师的主导作用，融洽师生关系，创设愉快、宽松、和谐的教学氛围，使学生变"要我学"为"我要学""我爱学""我善学"，使素质教育、创新教育落到实处。

（此文发表在《日照教研》2002 年第 5 期 31-32 页）

让个性在阅读中飞扬

语文课程标准指出："阅读是学生的个性化行为、个性化活动，要珍视学生独特的感受、体验和理解。"个性化阅读是当今阅读教学的一个重要理念，应该引导学生钻研文本，在主动积极的思维情感活动中，加深理解和体验，有所感悟和思考，受到情感熏陶，获得思想启迪，享受审美乐趣，要珍视学生的独特感受、体验和理解，不能以教师的"教"代替学生的阅读实践。

那么，如何开展个性化阅读教学呢？

一、创设民主的阅读氛围

阅读要有自主性。个性化的阅读应是带有个性化的选择和吸收的过程。阅读活动中要以学生自己研读为主，拿来一篇文质兼美的课文，要自己选择妙点去研读。但是一直以来，语文阅读教学在课本编定者、众多研究者的教参、教辅中进行着。我们的语文课上，似乎总有一只无形的手，把所有的学生牵引到一个固定点上去探究。老师说哪段文章写得妙不可言，学生仿佛也就深有同感，跟着别人一阵高声朗读；老师说哪个句子何其生动，学生似乎一下子茅塞顿开，一字不漏地作好笔记。新课程标准上指出："阅读是学生的个性化行为，要尊重学生的个体差异"。这就要求我们教师要"以学定教"，不能牵着学生的鼻子走。我们应该尊重差异，把学习的权利留给学生，允许学生根据自己的能力水平，选择自己喜欢的内容或印象深刻的内容进行研读。这就要求教师在阅读教学的过程中，要创造民主、和谐、开放的课堂环境。

师生之间要保持民主性。民主化教学是心灵之间的平等对话。老师和学生之间应消除"师道尊严"的观念，在课堂阅读层面上，双方的地位应该没有高下之分。教师能理解的，学生并非不能理解；学生不明白的，教师不一定就能明白。在整个阅读活动过程中，学生与教师之间应是平等交流的关系。《教育——财富蕴藏其中》指出："教师和学生要建立一种新的关系，从'独奏者'的角色过渡到'伴奏者'的角色，从此不再是传授知识，而是帮助学生去发现、组织和管理知识，引导他们而非塑造他们。"在新课标下，教师在整个阅读活动过程中是一个什么样的角色呢？我越来越感受到：教师的角色应是多重的，教师是组织者、参与者，也是引导者、协作者。课程标准也指出："要重视师生之间的平等对话和心灵沟通。"这一全新的教学理念实际上是对"教师讲学生听""教师问学生答"的注入式学习模式的勇敢反叛。也就是说，个性化阅读教学，师生都是探究者，面对的都是全新的问题，对文本能在已有的知识积淀之上，建构自己的新视点，赋予自我的新理解，这也就决定了要相互探讨，相互启迪，而最终达成相互提高的目的。

学生之间要有互动性。教师要给学生提供交流的平台。萧伯纳说过："你有一个苹果，我有一个苹果，彼此交换后手中各一个苹果；你有一种思想，我有一种思想，彼此交换后就有两种思想。"我的做法是：自主阅读和交流时，要有明确的任务定向；在自主学习后，要尽可能多地给学生相互交流的时间和大显身手、展示风采的机会，要调动绝大部分学生学习的积极性。

二、尊重个性化的阅读体验

倡导个性化阅读，就是要让学生在课堂上以一种无拘无束的心态走进文本，善于表达自己充满个性色彩的阅读感受。由于读者个人的经历不同，当然在阅读活动中对于文本的理解也不相同，"一千个读者眼中就有一千个哈姆莱特"。对于阅读教学而言，教师应给每个学生多留一点想象和创造的空间。对于阅读教学中的一些问题，教师应鼓励学生根据自己的经验从多角度发表自己的意见。

（一）尊重学生个性化问题的提出。学生在开放、民主的课堂环境中，对自主选择学习的内容进行研读后，总会提出富有个性的问题。此时，教师的介入要把握好尺度，应本着以学生为主体的原则，注重发展学生的主动精神和健康个性，要尊重个性化问题的提出，要鼓励创新，并要适时引导。如果学生提出的问题缺少探究的价值，教师也要给学生以适当的鼓励。能提出问题，就实现了学生与文本的一次融合，尽管这种体验可能是浅层次的，但这种融合就是一种个性化的体验；如果学生提出的问题过大，教师就要适时引导；如果学生提出的问题很有探究的价值，教师要及时捕捉这样好的教学机会，及时抓住文本解读的切入点，这就要求教师要有灵活驾驭课堂的能力。这样，学生提出的问题与众不同，值得探究，能给学生带来阅读的兴趣，给课堂带来活力，学生阅读过程中的主动性和积极性就被调动起来，这也充分体现了"以学定教"的教学思路和"以学为主"的教学理念。

（二）尊重学生个性化的理解感悟。对课文重点、难点的解读，宜采用"见仁见智"的辨析，允许学生课堂上"思接千载，视通万里"，你一言，我一语，各抒己见，激情共鸣。一部《红楼梦》，"经学家看到了《易》，道学家看到了淫，才子看到了缠绵，革命家看到了排满，流言家看到了宫闱秘事"。由此可见，阅读实践是有个性差异的，阅读过程要充分尊重学生个性化的理解与感悟。记得教《李广》一文分析李广悲剧的原因时，学生的回答有：①李广本身做人不宽容，心胸狭窄。②卫青任人唯亲，把捉拿单于这一立功的机会给自己新近的失了侯位的朋友孙叔敖，导致李广没有立功的机会，误了军期。③汉武帝指使所致。④李广不懂为官之道，不善言辞，心直口快，不会谄媚上级，不跟上司沟通，联络感情。⑤李广没有抓住机会。⑥卫青是皇帝的小舅子，是皇亲国戚的勾连。⑦封建统治者排挤人才……由此我们会发现，一旦从学生的阅读感受出发，学生能够感受到的，是教师远远不能预料的。老师预定的那么多"标准答案"原来也并不那么"标准"，创造的活力不可遏止地在学生的身上奔涌而出。你的感受、我的感受、他的感受都在相互碰撞、相互补充和相互融合，在交流中将学生的个性化认识逐步引向深入。

（三）尊重学生质疑性的理解。学生要想在阅读活动中有所创新，有独到的体验，必须首先学会批判地接受、学习课文。阅读教学中，教师要渗透一种意识，倡导深入阅读思考，努力发现（发现知识，发现美意，发现问题）。鼓励学生敢于向老师的观点提出质疑，鼓励学生敢于对课文的内容和观点、老师的讲解、权威的资料提出质疑。这样，学生不迷信权威，不人云亦云，敢于批判地吸收，个性的火花才能闪现。记得在学习《送东阳马生序》一文时，学生提出了这样的质疑："第二段记叙的顺序调整一下，会不会更有条理？""作者第一段记叙自己刻苦求学的经历，依次从得书之难、叩问之难、旅途之艰、生活之苦四方面去谈，第二段说明太学生求学条件的优越也从这四个方面去谈，与第一段形成鲜明的对比。但第二段却依次从无生活之忧、无旅途之艰、无叩问之难、无得书之难四个反面去谈，显然记叙内容的顺序前后不能形成一一对应的关系，我认为应把第二段记叙的顺序调整为和第一段的一样，文章更加条理，对比会更加鲜明。"在此，学生敢于向文本内容提出质疑，这种质疑性的理解就是一种个性化的阅读，教师要给学生以鼓励。阅读过程中要鼓励学生勇于说出"我认为"，努力解释"为什么"，让学生在质疑中得到喜悦，让学生的个性在质疑中得到张扬。

三、注重个性化的阅读评价

新课标强调："阅读是学生的个性化行为，要珍视学生独特的感受、体验和理解。"语文教学要想实现阅读个性化，就必须要引入个性化的评价手段。如果不同个性的学生一直接受同一标准的评价，势必会将阅读个性化扼杀在摇篮里。因此在长期的教学实践中，我总是尽量给学生一种体现以人为本、以学生的发展为本的综合性动态评价。这种评价标准多元而不唯一、方法多样而不单一、注重阅读过程而不仅仅重视阅读效果。

（一）教师的评价要珍视学生的阅读体验。教师作为阅读结论、反馈的中介者和评价者，所作的评价必须是真诚的、负责的、激励的和向上的。评价时，要重肯定轻否定。"好孩子是夸出来的"，鼓励能激活学生的思维，阅读过程中学生时时期盼的就是对个体阅读价值的肯定，在肯定中体验到成功的快乐；在快乐中不断地成长，轻易否定，犹如含苞待放的花蕾突遭严霜摧残，会再也无力绽放而萎蔫凋谢。

（二）引导学生参与到阅读评价中来，能更好地调动学生的阅读积极性。还记得在学习完《我的叔叔于勒》一文时，对克拉丽丝性格特点的分析，有学生说："请看克拉丽丝的语言，'我怕伤胃，你只给孩子们买几个好了，可别太多，吃多了要生病的。'，'至于若瑟夫，他用不着吃这种东西，别把男孩子惯坏了'从这里，我认为克拉丽丝非常珍爱自己，又非常疼爱孩子。"有的学生紧跟着说：

"我认为刚才这位同学说的有道理，但不全面。我觉得克拉丽丝非常珍爱自己，又非常疼爱孩子，但不是溺爱，很注重教育。"说到这里，教室里出现了片刻沉静。我接着说："请同学们用心读读课文，联系上下文仔细想一想，我相信你们一定会有更深刻的体验和理解。"片刻之后，有学生恍然大悟般猛然站起来："以上两个同学的分析都不对，看上去母亲既爱惜自己，又疼爱孩子，实际上是既怕花钱，又爱慕虚荣。"这时，很多同学情绪高昂起来，补充道："看来母亲很有心计，又很善于言辞。"因此，阅读过程中，对于某个人物、某个问题，学生往往有不同的看法，教师不要急于作简单的肯定或否定，要引导学生在与文本的再次对话中、在生生互动的评价平台上丰富文本和自我，逐渐接近、认识事物的本质。引导学生参与到阅读评价中来，鼓励学生去认同、去补充、去反思甚至去质疑。

这些有利于学生发展的评价方式，既为学生准确理解文本内容提供了情感上的支持，也为那些异彩纷呈的答案的存在预留了广阔的空间。由此可见，教师应淡化自己作为评价主体的意识，把评价的权力交还给学生，创设一个师生互动、生生互动的评价平台。

总之，阅读是一种高度个性化的行为，只有创设开放、民主、和谐的氛围，尊重学生的个性化体验，优化教学评价，学生的个性才能在阅读中得到张扬，个性化阅读才能得以实现，语文课堂教学才能更富有生命力。

（此文发表在《日照教研》2007年第5期14-16页）

语文超市，语文课堂教学的有效补充

新课程标准规定："语文是最重要的交际工具，是人类文化的重要组成部分。"工具性与人文性的统一，是语文课程的基本特点。而"人文性"是语文课程活的灵魂，离开了人文性，语文教育将褪去生命的色彩，丧失人性的魅力，枯竭生活的源泉，毁灭艺术的创造。

语文是实践性很强的课程。语文课程具有实践性和生活性，学生的反映又是多元的，因此，语文教学更应该突出实践性、生活性、主体性和人文性，语文教师应该树立大语文教育观，积极构建多元化立体式教学格局，创设语文自主学习的环境和情景，通过丰富多彩的语文实践活动，让学生更多地直接接触语文材料，走进语文世界，让语文走进学生的生活世界、认知世界、情感世界，在自主、合作、探究的学习氛围中，勇于质疑，敢于问难，在民主、宽容、和谐的氛围中掌握语文规律，丰富语文积累，提高应用语文的能力。

商业世界的变革，为我们实现这一目标、加强语文教学改革提供了启示和借鉴。

计划经济时代，商品垄断，供销社曾一度成为"龙头老大"，买东西时售货员爱理不理，高高在上，使顾客的消费大为"缩水"。随着商品经济的到来，商业搞活，商品琳琅满目，商业发展令人目不暇接，大量购物超市的涌现，方便了顾客，激活了商品流通，满足了市民的生活需求。购物超市的开放性、人文性，使广大顾客能自主地、灵活地根据自己的需求选择商品，真正体现了"顾客是上帝"这一理念。售货员也放下那高高在上、冷眼旁观的样子，而成为热情的导购……教育也是产业，教学也是一种服务，这种商业的变革、售货员和顾客身份的转变、经营方式的变化，启发我们思索：教育是否也需要变革？语文教学是否可以变成"超市教学"，构建"人文课堂""和谐课堂"，让学生成为享有自主权、人格受到尊重的"顾客"，放下教师的师道尊严，成为热情的"导学"（如厂商导购），让学生走进"语文超市"，在如"导购员"式的语文教师的指导（如导购）下，在自由、宽松、和谐的环境中自主的选择"读品""学品"（如商品），欢乐地摄取，主动地学习，和谐地发展，掌握语文、运用语文呢？

答案是肯定的。

设置"语文超市"，让学生进入"主体性个性化阅读"，要注意以下几点：

一、学习新课程理论，更新观念

观念，是改革的先导。随着新一轮课程改革的深入开展和普及，新的教育形式呼唤着新的教学方式，考试试题的高度开放性也决定着我们的教学不得不转变方式，不能只注重单一知识的传授，更要注重技能、过程和方法、情感态度和价值观，培养学生终生学习的习惯和能力。我国基础教育课程改革的目标中有："改变课程过于注重知识传授的影响，强调形成积极主动的学习态度，使获得基础知识和基本技能的过程同时成为学会学习和形成正确价值观的过程。""改变课程实施过于强调接受学习、死记硬背、机械训练的现状，倡导学生主动参与、乐于探究、勤于动手，培养学生搜集和处理信息的能力、获取知识的能力、分析和解决问题的能力以及交流与合作的能力。"这样的目标决定着语文教学必须树立大语文教学观，课堂教学必须走向开放化、人文化、个性化。如果我们仍用过去以讲解为主的"填鸭式"教学，势必会将学生"教死"，语文课堂仍为死气沉沉的课堂，语文教育也必将走进死胡同。

因此，我们必须不断加强理论学习，更新观念，这样才能不再被传统缚住手脚，才能大胆革新课堂教学，才敢于搞活课堂。设立"语文超市"即是这样的一种尝试。否则，我们教师、我们的课堂教学、我们的语文教育将被困死在"老师讲解、学生记笔记"的枯燥呆板的传统语文教学中。

二、解除传统束缚，转换角色

多年以来，我们的语文课堂一直是老师高高在上地讲解，学生俯首帖耳地倾听，封建教育的等级观念体现得较为明显，学生的主体地位体现不够。"语文超市"要求教师必须放下师道尊严，走下讲台，走入学生中间，和学生平等相处，甚至教师要用仰视的、发现的眼光去看学生，使自己真正成为学生学习的合作者、服务者、引导者，成为学生学习的"厂商导购"，给学生推介"读品""学品"，指导不同类型的学生读什么，怎样读，保护学生的阅读兴趣和动机，使学生自主地、乐观地学习、读书。"带着知识走向学生，不过是授人以鱼；带着学生走向知识，才是授人以渔。"

学生长期以来受传统课堂教学的束缚，"极容易变成奴隶，而且变了之后，万分欢喜"（鲁迅《灯下漫笔》），当我们一旦放开，让学生走进"语文超市"，学生可能会不知所措，甚至会出现短时间的混乱。这时，老师要充分发挥主导作用，指导学生如何选择"读品""学品"（商品），如何阅读学习（消费），如何检验（结算），学生能很快步入正轨，习以为常，最后达到"教是为了不教"的目的。

三、精选学习内容，广种博收

设置语文超市，首先要有广泛的阅读学习材料（超市商品）。现在的语文世界异彩纷呈，为保证"超市商品"能满足所有学生的需求，教师要带领学生广开"货源"，积极筹集健康的读物（货物），通过征订、捐赠和购买等手段，我们可以选择试题类、报刊类、辅导类、资料类、文学类、写作类等多种读物，并尽量使读物有实效性，及时更新。

其次要合理安排时间，加强指导。根据现在教学的需要，一般每周安排 1～2 个课时。上课伊始，教师要指导学生精读、略读、浏览、制作读书卡片、做读书笔记等读书方法。设立语文超市，教师并不是放手不管、课堂上"放羊"，这要求教师除具有深厚的语文功底外，还要有灵活的课堂调控能力。然后让学生根据自己的兴趣、爱好选择并开始阅读或学习，学生能够高兴地、自主地、活泼地在语文的海洋中徜徉：有的研究近年的中考试题，有的摘记学习方法，有的摘抄优美词句，有的查阅文学史料……总之，学生无一闲着，都在忙忙碌碌地学习语文，讨论语文，相比以老师讲解为主的语文课，学生的学习积极性要高得多。

语文超市，是语文课堂教学有效的补充，更体现了语文教学的实践性、人文化，体现出新课改的精神，达到"教是为了不教"的目的，培养了学生终生学习语文的习惯和能力，提高了学生的阅读兴趣，学生的语文积累明显增加，语文能力普遍提高，知识面更加广泛，作文内容、语言更加鲜活，语文成绩明显提高。

兴趣，最好的老师
——浅谈作文教学中学生兴趣的培养

作文不同于阅读，后者是吸收和理解，而前者是表达（输出）和创造。读写听说中，作文无疑是难度最大、强度最高、层次最深、综合性最强的心智活动。从心理学角度看，作文过程是一个以学生的个性心理为中介的、极为复杂的心理过程，它牵扯到动机、兴趣、情感、意志等诸多心理因素。所以，初中生对待学习的被动心态在学习作文上表现得特别突出，而传统的作文教学程序是以教师的主观意志为核心的。因此，对于学习作文，学生中畏难以至厌烦惧怕的心理比较普遍。那些作文能力较高的学生，大多爱好写作、爱好文学。可见，明确的动机常常给学习写作带来成功。在作文教学中，特别是初中低年级作文教学中，更应该注意培养学生的作文兴趣，激发学生写作的内驱力。

一、情感，激发兴趣

列宁说过："人类的一切活动，都离不开感情而存在。"喜怒哀乐，怨愤忧愁，爱憎好恶，褒扬贬斥，这种种感情活动构成了人类的感情世界。作文训练，正是指导帮助学生去正确、具体、生动地表达出种种感情。因此，要培养学生爱人（老师同学、父母长辈等）、爱学校家乡、爱自然、爱生活、爱社会主义、爱党、爱国的感情，使学生内心产生一种冲动，急切地想"一吐为快"，表现出写作的积极主动性。教师也要投入感情，去触发、诱发、激发学生的写作欲望。

在一次书信练习时，我投入感情地读了一篇《除了奋斗，我别无选择》，许多同学被文中主人公的艰难处境、不幸遭遇和不懈追求、自强不息的精神所感动，产生了强烈的共鸣，甚至落下眼泪，泣不成声。刚读完，同学们纷纷拿起笔，给文中的主人公写了一封感情真挚的信，也写出了他们自己独到的感受，收到了良好的效果。

二、直观，提高兴趣

直观，可以使形象生动、具体。在作文教学中运用直观手段——实物挂图、模型或幻灯片、录像等，可以提高学生的写作兴趣。

一般先让学生确认作文目标，然后让学生观看实物挂图、模型或幻灯片、录像，再让学生相互讨论相互补充，最后我再适当点拨。学生对抽象事物的认识通过这些直观教学手段，变得形象、生动、具体。

针对现在作文教学中幻灯片少的困难，我们借助于动物学、植物学等学科的幻灯片或自制幻灯片，然后利用投影仪，通过替换、拨动、旋转、指示等手段，增强写作内容的生动性和直观性。学生抓住了写作对象的特征，提高了写作兴趣，作文较为成功。

有一次让学生写一篇议论家长对子女溺爱的文章，难度较高，我就选取这样一幅漫画和小诗制成幻灯片，来提高学生的兴趣。

幻灯片一：

《蜜罐育儿法》

幻灯片二：

赶上新时代，夫妇生一孩。得子喜若狂，怎能不疼爱。

养育是大事，岂可稍懈怠。泡进蜜罐里，千万别出来。

要啥把口开，爹娘花钱买。月亮买不着？妈妈登天摘。

还想骑大马？人小够气派。爸爸趴地板，马儿分外乖。

学生看后，有感而发，联系现实生活中的事例，描写生动，议论深刻。

三、模仿，诱导兴趣

模仿，是创作的必经之路，也是学生提高写作兴趣、学习写作方法的一条有效途径。当然，这里的模仿不是机械地模仿，而是在理解消化的基础上模仿。魏巍的《我的老师》一文，通过几件平凡的小事表现蔡老师温柔、慈爱、热爱儿童的性格。学完后，我立即让学生也通过几件小事来写一位老师或自己的父母亲，"趁热打铁"，学生兴趣较浓，很快便写出来，且质量较高。

四、师生同题，影响兴趣

对于同一个作文题目，师生共作，可以减少学生对作文的神秘感，缩小师生间的距离，使学生产生"老师都这么做，我们更应该好好写"的心理。同时教师还可以鼓励学生超越自己，找出学生与老师间的差距，激发写好的上进心。例如在一次题为《暖流》的作文训练中，大多数学生写老师给学生补课、送学生去医院、雨中送伞等事件，主题尚好，但题材显得过于陈旧。我将他们的题材进一步扩展，让老师雨天送学生回家，由于雨雾迷蒙，不幸丧生于车祸，而被送的学生得救了。结尾用该老师女儿"我要妈妈"的话作结，催人泪下，更加感人。这样就促使学生要写且要写好的心理。

同学之间也可以就题材内容、写作方法、表达方式、语词运用、结构安排、主题思想等方面共同讨论，找出差距，互补长短，提高写作兴趣。

五、观察积累，促进兴趣

和许多语文老师一样，我对学生也强调材料的观察和积累。观察和积累可以促进学生的写作兴趣；反过来，学生兴趣有了，又会自觉地去观察、去积累，去写日记、做摘记等。要做到这一点，关键在于引导。初一学生刚入校，我就引导他们去观察、积累，要求学生准备两个本子：一个日记本，将自己在社会生活中的所见所闻所感所思写下来，准备作文时的直接素材，同时也练了笔；一个摘记本，将自己阅读到的优秀文章、优美词句摘抄在上面，准备作文时的间接素材或用之于作文。久而久之，学生养成了习惯，尝到了甜头，也就有了兴趣，从而提高了写作的主动性和积极性。

去年秦楼各处学校都扩建校舍，我就启发引导学生观察。孔迪同学通过观察运用以小见大的写法，将观察到的同学们对这一事件的议论写成《教室风波》一文。此文获街道教研室组织的"爱国主义"作文大赛一等奖，并在教育科学出版社出版的《初中作文精选与指导》上发表。

实际上，生活中的材料很多，只要老师善于引导，学生积极观察、积累，"处处留心"，很多事都可以成为写作的材料。

总之，在作文教学中，特别是初中低年级作文教学中，教师要开动脑筋，大胆创新，培养学生的感情，变换作文教学方法，引导学生模仿、观察、积累，从而激发、提高学生的写作兴趣和写作欲望，提高作文水平。

（此文发表在《日照教研》1995年第2期第24-25页）

思索着个性的经典

读出《背影》后的"背影"

朱自清先生的《背影》，用自然朴实的语言，塑造了一个感人的形象——父亲。感人的力量来自何方？来自作者真挚的情感和巧妙的构思，两者结合成一个耐人寻味的聚光点——父亲的"背影"，照亮了父亲真实的精神世界，让我们看到，父亲默默承受着失去亲人的痛苦，又肩负一家生计的重担，举步维艰而极力支撑，为了儿子可以毫不顾惜自己，在困顿和颓唐中不断地和命运抗争，这一切，都在父亲的"背影"中闪现出来，产生强烈的震撼力，震颤着读者的灵魂。从中，我们感受到如山的父爱，感受到一个崇高的父亲形象，感受到父爱子、子爱父的拳拳亲情。

而本文的写作时间恰是 20 世纪初期整个社会对"父亲"的一片抗议与谴责声时，朱自清反其道而行之，以"父亲的背影"为载体，为我们塑造了一个"好父亲"的形象。文中的父亲，实际是作者理想中的父亲，是作者恨过之后理解了的父亲，是一份迟到的理解、迟到的子爱，甚至可以理解为是对父亲的爱的一种自我解嘲。

对朱自清先生的名篇《背影》，有"平淡中蕴神奇"的评价。"平淡"的是肤浅的"父爱"理解，缺乏深刻的体验。"神奇"，又神在何处？奇在哪里？

朱自清先生在《写作杂谈》中关于《背影》的写作曾有这样的说明："似乎只有《背影》是情感的自然流露，但也不尽然。"结合课文开头"那年冬天，祖母死了，父亲的差事也交卸了"，我们也可以明显真切地感觉到这"不尽然"里面有故事，作者似乎有难言之隐。

实际上，在朱自清的潜意识中，固然儿时有对父亲些微的爱——朱自清在散文《冬天》中写道："冬天的夜晚特别的冷，父亲便起了炉子，煮上白水豆腐。但洋炉子太高，父亲得常常站起来，微微地仰着脸，觑着眼睛，从氤氲的热气里伸进筷子，夹起豆腐，一一放进我们的酱油碟里。我们都喜欢这白水豆腐，一上桌就眼巴巴望着那锅，等着那热气，等着那热气里从父亲筷子上掉下来的豆腐。"——在寒冷的冬天里，父子围着暖烘烘的炉子坐着，父亲为儿子夹起白水豆腐。这是一幅多么温馨幸福的画面，让人体会到父亲对孩子深深的爱。但是，除此之外，朱自清对父亲更多的是"恨"，直到1925年，甚至可以继续延伸。

朱自清对父亲的"怨恨"主要表现为：

1. 儿时父亲的严厉——放学回来，父亲总要过目小朱自清的作文，经常是在晚饭时分，小朱自清搬个小板凳坐在父亲身旁，父亲朱鸿钧一边喝着老酒，一边摇头晃脑低吟着小朱自清的作文。看到先生给予好评，就点头称好，欣然喝酒，顺手奖给儿子几粒花生米或一块豆腐干；看到文章所评不好、字句被删改太多，朱鸿钧就训斥儿子，即使小朱自清泪眼汪汪也不放过，甚至一把火把小朱自清的作业烧掉。

2. 按纲常伦理，父为子纲，父亲无条件地安排儿子的一切——父亲朱鸿钧受浓重的封建家长礼法的影响，虽爱儿子，但在儿子面前往往是板着严肃的脸，极少露出笑意，很严厉，随意操纵儿子的生活。小时候的朱自清没法违逆，十四岁时就在父母的包办下确定了第一次婚姻，十八岁就在父母要求下结了婚。

3. 父亲对朱自清元配夫人的精神束缚——虽然是父母包办，但朱自清夫妇关系一直比较融洽。儿媳武钟谦是扬州名中医武威三的独生女，在娘家为姑娘时就爱笑，嫁到朱家后这爱笑的天性被封建色彩浓郁的朱鸿钧认为是"不守妇道"。尤其当家庭开始衰败，她还"爱笑"，于是她便成了公婆的眼中钉、肉中刺。一个原本天真烂漫、爱说爱笑、活泼健壮的人，后来弄得"身子像一只螳螂，尽是皮包着骨头……哭是不会哭，笑也不会笑了"，抑郁不欢，积久成疾，于1929年死于肺病。

4. 父亲感情的出轨给远在北大读书、接受新思想的儿子以沉重的阴影——朱鸿钧原来在江西做官时已娶了一个妾，从此种下了家庭不和的种子。到徐州任上又娶了妾，致使江西任上所娶的妾大怒，前往徐州大闹，终至上司怪罪下来，撤了父亲的差。这也是父亲的差事交卸了而作者却缄口不言的缘由。

5. 父亲对朱自清祖母的间接扼杀，进而造成家庭濒临崩溃——为赔偿徐州之妾，父亲花了许多钱，以至亏欠公款五百元。不得已父亲求祖母变卖首饰，还借了高利贷来补上窟窿。祖母不堪承受这样的变故，在郁郁中辞世，家道也随之衰落。而这时朱自清的二弟即将报考大学，但家里已拿不出学费，且众多弟妹尚未成年，这更加深了朱自清与父亲间的鸿沟。

6. 经济的拮据与父亲专制式的家长统治让朱自清几乎断绝父子关系——身为长子的朱自清面对父亲的"死作"和家庭的衰落，出于对家庭、父母和弟妹的责任，用三年的时间就修完了北京大学哲学系四年的课程，在北大校长蒋梦麟的推荐下，到杭州第一师范学校任国文教员，从此开始了漫长的养家糊口的生涯。其时，他月薪 70 元，每次发工资后须寄一半回家，但还是不能满足父亲的要求，遂使家人失和。不久，为减少家庭矛盾，节约生活开支，经好友介绍，朱自清回到家乡扬州的江苏省立八中任教务主任。但因秉性耿直，不久便和同事及校长不和，加之庶母的不断挑拨，朱自清的母亲和妻子婆媳关系紧张；父亲因听信庶母的话，借着和校长的私交直接让学校把朱自清的薪水送到家里，本人不得领取；这激怒了朱自清，他毅然辞职，先后到上海中国公学、杭州一师、六师、浙江省立十中、浙江省立四中、清华等校任教，其间又先后把妻子、两个儿子、母亲和妹妹从扬州接出，父子虽失和，但他仍给父亲寄钱。

7. 朱自清两次回家，父子关系皆不调和——1922 年暑假，朱自清想主动缓解和父亲的矛盾，带着妻儿回扬州，但父亲朱鸿钧先是不准朱自清一家进门，后虽在家人劝说下让步了，却不理睬朱自清。朱自清在家感到很没趣，过了几天就悻悻离去，这加重了他对父亲的怨恨。1923 年暑假朱自清虽又回家一次，但与父亲的关系仍未好转。朱自清认为自己没错，不肯认错。父亲朱鸿钧也认为自己没有错，老子用儿子的天经地义，为父有错也不该认错。于是双方进入冷战。此后几年朱自清也就不回家了。

8. 父亲晚年脾气暴躁——和朱自清在徐州浦口车站分别后，父亲并没有谋到差事，并且病倒外乡，后被人送回扬州。从此贫病交加，家道日衰，因此心情郁愤，脾气暴躁。

放在任何人身上，这样的父亲谁能喜欢？但是，1925 年，父亲自扬州寄来"我身体平安，唯膀子疼痛厉害，举箸提笔，诸多不便，大约大去之期不远矣"的信。人之将逝，其言也善，使深悟生存之艰难、对生活感到无力的朱自清心灵深受刺激，那种骨肉相连的父子情使他开始对父亲谅解并感念父亲，不觉回忆起八年前与父亲离别的情景，以艺术的方式表达了对父亲的理解、原谅以及对自己的愧怍、自责与叹息——甚至可以说，文中的父亲是作者美化了的、理想中的父亲。

朱自清与父亲的冲突，实际上反映了旧传统与新观念的矛盾、旧思想和新思想的矛盾、专制和自由解放的矛盾以及经济与生活的矛盾冲突等，在《背影》的背后，是沉痛与厚重！

（此文发表在《现代语文》2013 年第 25 期 123-124 页）

阿长：一代文豪的精神"乳母"

——兼读《阿长与＜山海经＞》

鲁迅，我国现代文学的奠基人之一，在他成长为一代文豪的历程中，有一个人影响了他的一生，如果没有她幼年启蒙，也许就不会诞生伟大的文学家、思想家、革命家鲁迅，中国现代文学史也许就会改写——这个人物就是阿长。

"我们那里没有姓长的；她生得黄胖而矮，'长'也不是形容词。又不是她的名字，记得她自己说过，她的名字是叫作什么姑娘的。什么姑娘，我现在已经忘却了，总之不是长姑娘；也终于不知道她姓什么。记得她也曾告诉过我这个名称的来历：先前的先前，我家有一个女工，身材生得很高大，这就是真阿长。后来她去了，我那什么姑娘才来补她的缺，然而大家因为叫惯了，没有再改口，于是她从此也就成为长妈妈了。"

——选自《八年级语文·人教版（上）》

据资料考证，阿长（1821 年—1899 年），鲁迅称她为长妈妈，浙江绍兴东浦大门人。她是鲁迅儿时的保姆。长妈妈的夫家姓余，有一个过继的儿子叫五九，是做裁缝的，她有一个女儿，后来招进一个女婿。"长妈妈只是许多旧式女人中的一个，做了一辈子的老妈子（乡下叫做'妈妈'），平时也不回家去，直到临死。"（引自《阿长与〈山海经〉》）长妈妈患有羊角风，1899 年 4 月"初六日雨中放舟至大树港看戏，鸿寿堂徽班，长妈妈发病，辰刻身故"。其实，这个来自东浦的长妈妈身材矮小，周家原先的保姆个子高大，按周家工友王鹤照的说法：章福庆的妻子阮氏——"庆大娘"才是真正的长妈妈，只是叫惯了，也把东浦的那位叫做长妈妈。

　　就是这样一位身份低微到连姓名都没有、所谓的名号还是别人的、她只是个替代、只是主人家习惯称谓的保姆，却让鲁迅久久不忘，从鲁迅一生的等身著作中可以窥见一斑：《朝花夕拾》十篇，其中有四篇提到阿长，分别是《从百草园到三味书屋》《二十四孝图》《猫·鼠·狗》《五猖会》，他在《病后杂谈之余》里也说，"长毛"故事要算长妈妈讲得最多，还在《论照相之类》中讲过长妈妈传说中的笑话，另外，在1926年初春，鲁迅正"运交华盖"的时候，写下了《阿长与＜山海经＞》来专门回忆和纪念。阿长成为鲁迅笔下一个鲜明的人物形象，成了《朝花夕拾》中的第一女主角，阿长对鲁迅的影响，远远超过了他的母亲（鲁迅在作品中也多次提到母亲，有《故乡》《社戏》《阿长与＜山海经＞》《呐喊自序》等，但都淡化成了背景，没有任何感情色彩），远不及阿长的形象真切丰腴鲜活。阿长不是一个文人，甚至可以说是一个粗人，是什么原因让她几次在鲁迅的作品中出现呢？甚至于让鲁迅花费了如此足量的精力和笔墨来写一篇文章纪念她，这个阿长究竟有怎样的魅力和"魔力"呢？

　　阿长生活在鲁迅从出生到十二岁去三味书屋上学前的幼年时期，而这正是瑞士儿童心理学家皮亚杰所言的从感知运动阶段（从出生到两岁左右）到形式运算阶段（十一二岁左右到十四五岁左右）的儿童发展黄金期，由于家庭、社会、性别等种种原因，阿长没有机会识字，从而沦落为文盲，但就是这种人，有时候却是民间文化的载体，在他们的意识和思维中，充斥着丰厚的"非物质文化"，这种"非物质文化"启蒙了幼年鲁迅的思想和心灵，打开了幼小鲁迅的"文学心门"，正是阿长的美女蛇的故事、长毛的故事、死了人生了孩子的屋子里不应该走进去、正月初一要孩子说恭喜吃福橘、饭粒落在地上必须捡起来、不要从晒裤子用的竹竿底下钻过去、不该说"死掉"必须说"老掉了"以及买《山海经》等这些故事、文化行动和活动，充斥着幼年鲁迅的生活和梦。可以说，阿长，是鲁迅走进三味书屋前的第一任老师，是她启蒙了幼年鲁迅的梦，在幼小鲁迅的心田里播下文学的种子，启迪了幼小鲁迅的思维和想象。如果没有阿长的引导和教育，幼小的鲁迅整天和一群顽童舞枪弄棒、摸鱼捉鳖、顽劣成性，十二岁时走进三味书屋的鲁迅也许就不会那么安静地、本分地、勤奋地读书，将来也就不会诞生影响现代文学的一代文豪鲁迅。从这一点上来看，阿长对鲁迅乃至对整个中国现代文学的影响真的功不可没。

　　在《阿长与＜山海经＞》中，鲁迅用轻盈的语言，向读者倾诉了对阿长非常温柔深切的怀念——

好多师生在解读课文时，认为鲁迅起初不喜欢阿长、憎恶阿长，甚至怨恨阿长，后来因为她讲长毛的故事和买来了《山海经》从而对阿长产生了敬意——

……

然而我有一时也对她发生过空前的敬意。她常常对我讲"长毛"。

……

过了十多天，或者一个月罢，我还记得，是她告假回家以后的四五天，她穿着新的蓝布衫回来了，一见面，就将一包书递给我，高兴地说道："哥儿，有画儿的'三哼经'，我给你买来了！"

我似乎遇着了一个霹雳，全体都震悚起来；赶紧去接过来，打开纸包，是四本小小的书，略略一翻，人面的兽，九头的蛇，……果然都在内。

这又使我发生新的敬意了，别人不肯做，或不能做的事，她却能够做成功。她确有伟大的神力。谋害隐鼠的怨恨，从此完全消灭了。

……

——选自《八年级语文·上（人教版）》

笔者认为，这种解读太肤浅，让作品失去了应有的深刻意义，也违背了作者在阿长辞世三十多年后、鲁迅本人"运交华盖"之时才重写阿长的初衷——解读作品和人物的关键是站在作品中哪一个主体的位置上？运用怎样的视角？如果只是从儿时的鲁迅、从一个五六岁孩子的视角看阿长，那将永远是"小儿科"的肤浅见解，我们应该以大胸怀、高眼光去解读文本和鲁迅。鲁迅在人生辉煌的四十六岁时仍怀念阿长，可见他本人也饮水思源，胸怀一颗感恩之心，觉得阿长对他一生的影响非同一般，他的内心深处对阿长一直是怀念、敬重与爱戴的，他意识到阿长在自己的成长、特别是文学生命起航时所起的决定性影响。所以，作者是由阿长买《山海经》这一个"点"，引出阿长这个给了自己幼年时期的思想和文化、影响了自己一生的"立体的人"，《阿长与＜山海经＞》全文实际上是充溢着"爱"与"怜"这一主题的——

全文运用诙谐幽默的笔调，借用天真可爱的孩童的眼睛，借用孩子撒娇式的语言，塑造了长妈妈的形象。写受到大人的管教、引起埋怨、气愤，真实地反映了一个天真单纯的孩子对人对事的判断和感受；写"切切嚓嚓"，表现普通劳动妇女喜欢背地里闲聊，扯长道短的性格；详细写长妈妈睡觉时占满了大床，摆出个"大"字，"推她呢，不动；叫她呢，也不闻"，"叫人无法可想"，非常形象地写出了长妈妈的自然朴实而劳苦；写琐琐屑屑的各种规矩，写长毛的故事等，都客观地揭示了阿长朴实的劳动妇女的性格。最后用买《山海经》一事，突出长妈妈善良慈爱的美好品格，给"我"巨大的震撼。童年的"我"，是在长妈妈的关爱中长大的。而这样一个善良勤劳的妇女，身份却是那么低微，命运是那么悲惨。"我的保姆，长妈妈即阿长……我终于不知道她的姓名，她的经历；仅知道有一个过继的儿子，她大约是青年守寡的孤孀。"文章结尾，作者深深地祈愿："仁厚黑暗的地母呵，愿在你怀里永安她的魂灵！"字里行间，充溢着对长妈妈的怀念和祝福。所以，在《阿长与＜山海经＞》中乃至作者的后半生中，作者对阿长始终是敬仰、爱戴和怀念的，读者应该感受到作者这种深层次的情绪——爱。

幼年如果没有阿长的启蒙、文化的影响，也许就不会产生文学家鲁迅。如果没有幼年阿长的美女蛇的故事，也许就没有《从百草园到三味书屋》中百草园的神秘色彩；如果没有阿长买来的《山海经》，也可能就不会有鲁迅的历史小说集《故事新编》。鲁迅对阿长耿耿于怀，经年不忘，正说明了阿长对他的影响已经深深印在他的脑海中，虽然阿长与他在一起的时间只是短暂的几年，且是在鲁迅的幼年，但对鲁迅的影响却是终生的、永恒的，进而言之，我们能隐隐感受到她对中国现代文学的影响，应该算是影响中国现代文学一代文豪鲁迅的精神"乳母"。

（此文 2014 年 8 月获山东省教育科研优秀论文一等奖）

三味书屋：苦屋？乐屋？

长期以来，人们在解析三味书屋时，一直认为是"苦屋"，是昏暗、枯燥、森严、无味的，与前面的百草园形成对比、衬托的关系。上个世纪 80 年代中期，笔者上中学时语文老师是这样讲解的：反映了儿童对大自然的热爱以及追求自由快乐的心理，同时反映了封建教育制度对儿童身心发展的摧残和束缚；至上个世纪 90 年代初期，笔者刚参加工作时，继承师傅的"衣钵"和教参的"指引"，给学生的讲解也是如此；估计今天的语文课堂，仍然有这种讲解与分析。

21 世纪不可逆转地到来，也迎来了新课程纲要的出台、课程标准的颁布和新课改的深入实施，一场关乎国家教育前途的语文课程改革席卷了全国各地，随着教师和学生理念的更新、角色的转变，教师和学生都成为课程的开发者和建设者。

在传统的教学中，教学与课程是彼此分离的。教师被排斥于课程之外，教师的任务只是教学，是按照教科书、教学参考资料、考试试卷和标准答案去教，课程游离于教学之外；教学内容和教学进度是由国家的教学大纲和教学计划规定的，教学参考资料和考试试卷由专家或教研部门编写和提供，教师成了教育行政部门各项规定的机械执行者，成为各种教学参考资料的简单照搬者。有专家经过调查研究尖锐地指出：现在有不少教师离开了教科书，就不知道教什么；离开了教参，就不知道怎么上课；离开了练习册和习题集，就不知道怎么出考卷。教学与课程的分离，使教师丧失了课程的意识，丧失了讲课的能力。

新课程倡导民主、开放、科学的课程理念，同时确立了国家课程、地方课程、校本课程三级课程管理政策，这就要求课程必须与教学相互整合，教师必须在课程改革中发挥主体性作用。教师不能只成为课程实施中的执行者，教师更应成为课程的建设者和开发者。为此，教师要形成强烈的课程意识和参与意识，改变以往学科本位论的观念和消极被动执行的做法……教师要培养课程评价的能力，学会对各种教材进行评鉴，对课程实施的状况进行分析、对学生学习的过程和结果进行评定。

当课程由"专制"走向民主，由封闭走向开放，由专家研制走向教师开发，从学科内容走向学生经验的时候，课程就不只是"文本课程"(教学计划、教学大纲、教科书等文件)，而更是"体验课程"(被教师与学生实实在在地体验到、感受到、领悟到、思考到的课程)。这意味着，课程的内容和意义在本质上并不是对所有人都相同，在特定的教育情境中，每一位教师和学生对给定的内容都有其自身的理解，对给定内容的意义都有其自身的解读，从而对给定的内容不断进行变革与创新，以使给定的内容不断转化为"自己的课程"。因此，教师和学生不是外在于课程的，而是课程的有机构成部分，是课程的创造者和主体，他们共同参与课程的开发。这样教学就不只是课程传递和执行的过程，而更是课程创生与开发的过程。这是新课程所倡导的教学观。教学过程因此成为课程内容持续生成与转化、课程意义不断建构与提升的过程。这样，教学与课程相互转化，相互促进，彼此有机融为一体。课程也由此变成一种动态的、生长性的"生态系统"和完整文化，这意味着课程观的重大变革。在这种背景下，教学改革才能真正进入教育的内核，成为课程改革与发展的能动力量，成为教师与学生追寻主体性、获得解放与自由的过程。这正是新一轮课程改革所呼唤的教学改革。这是从课程层面给教学带来的一种"解放"，这种"解放"将使教学过程真正成为师生富有个性化的创造过程。

社会多元文化兼容并蓄的大背景和新课程改革的紧迫性与具体要求，为每一位读者（包括文学研究人员、教师和学生）和作品之间提供了平等对话、彼此尊重的可能，使得我们对"三味书屋"的解读在主旨、意蕴、情感、审美等问题上，打破了过去定于一尊的分析框架，实现了"普罗米修斯般"的解放。

王家康曾借用钱理群"看与被看"的双向对立模式和设置"无知者"视角的小说理论，从改变叙述的角度对《从百草园到三味书屋》进行多义性解读。他认为《从百草园到三味书屋》用的是儿童视角，叙述了鲁迅儿时上学前后的两段生活以及这种生活变化对他的感情、思想的影响。儿童的叙事视角是真实的，是无知的，成年人的叙事是复杂的。所以，儿童往往不能对成年人叙事的真假做出判断，而成年人却大多可以明白儿童行为的含义，成人的教诲和儿童自己的生活体验总是有着反向的结果，这种由成年人和儿童在叙述角度上构成的反向意图的比照，构成了《从百草园到三味书屋》文本意义上的冲突和张力。

王富仁则从"回忆"的角度对《从百草园到三味书屋》进行了全面的重新解读。他认为作为一篇回忆散文，必须同时在两个层面上感受它的意义和价值，一是事情或事情的细节对作者的影响，二是现在的作者对这种影响的感受和见解。从这两个层面出发，他对文章进行了条分缕析的解读，并推导出社会、教育与人的关系。

一个活泼泼的儿童在一个活泼泼的世界上活泼泼地成长着——这就是我们从《从百草园到三味书屋》前半部分的描写中获得的整体印象。童年是美好的，因为童年是自由的。正是在这样一个意义上，他不能理解为什么家里的人要把他送进书塾里去，并且是全城中被称为最严格的书塾。但从成年的作者看来，那时的生活却不仅仅是快乐的，同时也获得了丰富的知识。自然的知识、人生的经验、实际的技能，身心是和谐的，求知欲是旺盛的。成年的作者当然已经知道家里的人为什么要把他送进书塾去读书，但那不是从人的教育的角度出发的，而是从社会的功利目的出发的。仅仅从社会功利出发，把他从这样一个丰富多彩的世界里送到一个枯燥呆板的书塾中去读那些枯燥呆板的四书五经，实际是不合理的，是戕害了他旺盛的求知欲望和活泼的生命力，而不是有助于他知识的增长。从童年到成人是社会功利性的目的，而不是教育的目的，教育只是实现社会功利性目的的手段。

傅书华从儿童天性与成人社会的矛盾冲突中解读《从百草园到三味书屋》的文化意义。他认为百草园的生活体现的是人的本真的天性，在这种本真的天性中人可以不为现实的功利目的缠绕，可以体会到将生命欲求置于现实之上的愉快。而三味书屋的生活则是走向成人世界的开始，是对人的本真天性进行提升的必经阶段。百草园和三味书屋之间的距离，实际上是人的本真天性和人的社会性之间的距离。鲁迅对三味书屋的批判，实际上是对更高层次的人的本真天性的渴望和呼唤。

多元文化的冲击带来了文学研究视角的转换，使得对《从百草园到三味书屋》的文学解读呈现出色彩纷呈、争议颇多的局面，许多研究者从作家主体、写作心理、文体特点、儿童教育、叙述理论等诸多方面提出了与前人不同的看法和结论，对《从百草园到三味书屋》的美学意蕴、哲理意味给予了前所未有的关注，这些文化界、学术界的研究成果，开阔了语文教学的思路，使语文教学迈出壁垒，更加开放。学者也好，教师也好，甚至学生也罢，争议的焦点不在"百草园"，而在"三味书屋"，对《从百草园到三味书屋》的多元解读也集中在了对"三味书屋"的多元解读。

三味书屋到底是"苦屋"还是"乐屋"呢？

出门向东，不上半里，走过一道石桥，便是我先生的家了。从一扇黑油的竹门进去，第三间是书房。中间挂着一块匾道：三味书屋；匾下面是一幅画，画着一只很肥大的梅花鹿伏在古树下。没有孔子牌位，我们便对着那匾和鹿行礼。第一次算是拜孔子，第二次算是拜先生。

【"苦屋"说】三味书屋给作者的第一个印象就是"黑油的竹门"，沉重、压抑的颜色与百草园中的"碧绿""紫红"形成鲜明的对比。屋里的陈设就更单调了，只有匾道和画儿，充斥着陈旧的腐朽味，不像百草园中那样生机勃勃。而且还要拜孔子、拜先生，有着那么多的繁文缛节，不如百草园中自由快乐。

【"乐屋"说】作者多用轻松活泼的短句，写出了走出百草园进入三味书屋的那种好奇感：黑油的竹门、写着三味书屋的匾道、伏在古树下的梅花鹿、对着匾道和鹿给孔子和先生行礼，对一个十二岁的孩子来说，三味书屋处处充满着好奇、自由、可笑和快乐，反映出一个儿童的天真活泼。

第二次行礼时，先生便和蔼地在一旁答礼。他是一个高而瘦的老人，须发都花白了，还戴着大眼镜。我对他很恭敬，因为我早听到，他是本城中极方正、质朴、博学的人。

【"苦屋"说】三味书屋的主人寿镜吾老先生，"他是一个高而瘦的老人，须发都花白了，还戴着大眼镜""他是本城中极方正、质朴、博学的人"，从外貌的描写和性格的介绍可以看出，"我对他很恭敬"，在"我"眼里，他是可怕的、庄严的，和孩子之间是有着师道尊严的距离感的，即使行礼时能"和蔼地在一旁答礼"，但给人的感觉也似乎应付，他没有长妈妈的随和和神秘的故事，给人一种严肃的沉闷压抑感。

【"乐屋"说】虽然先生"是本城中极方正、质朴、博学的人"，但"第二次行礼时，先生便和蔼地在一旁答礼"，作者把后句放在段首强调，前句放在段末，并且运用了"和蔼"一词，可见在"我"眼中，先生是和蔼慈祥、可亲可敬的；"我对他很恭敬"，从中可见"我"对先生的喜欢、尊敬，庆幸自己今生遇到了一位好老师；"他是一个高而瘦的老人，须发都花白了，还戴着大眼镜"，作者用写意的笔法、幽默的语言，正如丰子恺先生的漫画，栩栩如生地托出了一个令人发笑、令人喜欢的可敬的"老学究"形象……字里行间洋溢着轻松愉快的气氛。

不知从哪里听来的，东方朔也很渊博，他认识一种虫，名曰"怪哉"，冤气所化，用酒一浇，就消释了。我很想详细地知道这故事，但阿长是不知道的，因为她毕竟不渊博。现在得到机会了，可以问先生。

"先生，'怪哉'这虫，是怎么一回事？……"我上了生书，将要退下来的时候，赶忙问。

"不知道！"他似乎很不高兴，脸上还有怒色了。

我才知道做学生是不应该问这些事的，只要读书，因为他是渊博的宿儒，绝不至于不知道，所谓不知道者，乃是不愿意说。年纪比我大的人，往往如此，我遇见过好几回了。

【"苦屋"说】问"怪哉"是怎么回事，先生说"不知道"，而且脸上有些怒色了。"我才知道做学生是不应该问这些事的……（他）绝不至于不知道……乃是不愿意说。"——这是对压制学生求知欲的十分不满。进了三味书屋就要非礼勿言、非礼勿视，要一心只读圣贤书。可是少年鲁迅却问了读经以外的"怪哉虫"，这在老师的眼里简直是旁门左道，所以不予回答，而且有怒色了，让我们感受到封建教育制度对儿童身心和好奇天性的束缚。

【"乐屋"说】"怪哉"的小插曲，正如百草园中美女蛇的故事，虽然令人可怕，但倍添了百草园的神秘气氛。作者的"怪哉"一问，虽然让先生"很不高兴，脸上还有怒色"，但在作者的内心深处和眼中，却是一种"逗乐"，似乎是故意拿这个问题恶作剧式地逗先生，因为我知道"年纪比我大的人，往往如此，我遇见过好几回了""不知从哪里听来的，东方朔也很渊博"，"我"只想让先生和东方朔比试一下谁更渊博，似乎是对先生的一种挑衅，充满着一种儿童的活泼与天真。

我就只读书，正午习字，晚上对课。先生最初这几天对我很严厉，后来却好起来了，不过给我读的书渐渐加多，对课也渐渐地加上字去，从三言到五言，终于到七言了。

【"苦屋"说】面对老师的不回答，"我"只能不情愿地屈从于现实，"只读书，正午习字，晚上对课"，一个"只"字，显示自己对这种生活的无奈、屈服；先生很严厉，虽然后来却好起来，但从读书的加多、对课内容的增加上看出，作者反感这种枯燥无味的、单调的"读书、写字、对课"的生活，字里行间让人感觉到作者对这种生活以及对先生的抱怨与无奈。

【"乐屋"说】"我就只读书，正午习字，晚上对课""不过给我读的书渐渐加多，对课也渐渐地加上字去，从三言到五言，终于到七言了"，可见作者已经从一种快乐走入另一种快乐，由"乐园"走入了"乐屋"，走出了百草园的自然之乐而适应、体验到了三味书屋读书生活的人文社会之乐，从人的本真天性走向人的社会性。"先生最初这几天对我很严厉，后来却好起来了"，也可见作者适应了这种生活、适应了老师，体验到不同于百草园的一种全新的快乐生活——读书！

三味书屋后面也有一个园，虽然小，但在那里也可以爬上花坛去折腊梅花，在地上或桂花树上寻蝉蜕。最好的工作是捉了苍蝇喂蚂蚁，静悄悄地没有声音。然而同窗们到园里的太多、太久，可就不行了，先生在书房里便大叫起来：

"人都到哪里去了！"

便一个一个陆续走回去；一同回去，也不行的。他有一条戒尺，但是不常用，也有罚跪的规则，但也不常用，普通总不过瞪几眼，大声道：

"读书！"

【"苦屋"说】枯燥无味的三味书屋生活唯一的快乐慰藉就是到后花园"爬上花坛去折腊梅花""在地上或桂花树上寻蝉蜕""捉了苍蝇喂蚂蚁"，但这种生活只是短暂的、偶尔的，"太久，可就不行了，先生在书房里便大叫起来：'人都到哪里去了！'"试想一下，当一群儿童玩兴正浓、玩得正起劲时，忽然一声断喝："人都到哪里去了！"那是一种怎样的打击，无异于当头一棒，估计孩子们心中是隐隐的浅恨；不回去不行，一起回去也不行，因为还有戒尺、罚跪，体罚让孩子们不寒而栗，即使不常用，但也令人后怕，代之的还有枯燥无味的"读书"，对一个十二岁左右的孩子来说，这种生活该是怎样的一种煎熬与无奈！可见封建教育不仅束缚了孩子的自由，也束缚了孩子好玩、好奇的天性。

【"乐屋"说】紧承上文百草园，三味书屋后面也有百草园的乐趣：爬上花坛去折腊梅花、在地上或桂花树上寻蝉蜕、捉了苍蝇喂蚂蚁，在紧张的背书之余增添快乐的音符。当玩性难收时，先生会"大叫起来：'人都到哪里去了！'"可见三味书屋的生活是张弛有度的。三味书屋虽然有戒尺、罚跪等规则，但不常用，可见管理是人性化的。从中我们能感受到作者忙而有闲、忙闲有度的生活和对这种生活的喜爱。

大家放开喉咙读一阵书，真是人声鼎沸。有念"仁远乎哉我欲仁斯仁至矣"的，有念"笑人齿缺曰狗窦大开"的，有念"上九潜龙勿用"的，有念"厥土下上上错厥贡苞茅橘柚"的……先生自己也念书。后来，我们的声音便低下去，静下去了，只有他还大声朗读着：

"铁如意，指挥倜傥，一坐皆惊呢；金叵罗，颠倒淋漓噫，千杯未醉嗬——"

我疑心这是极好的文章，因为读到这里，他总是微笑起来，而且将头仰起，摇着，向后面拗过去，拗过去。

【"苦屋"说】于是"大家放开喉咙读一阵书"，这书是在老师的压力或命令下读的，内容有的宣传虚伪的封建道德"仁"，有的低级趣味地取笑别人，有的宣传迷信风水，有的拼凑起讲古代税法……这些令人难懂而又无用的书，读不成句，读错了也没有人纠正，只有死记硬背，学生怎能感兴趣呢？"后来，我们的声音便低下去，静下去了"，只有老师自我陶醉地吟咏，这带有嘲讽意味的语言、这鲜明的师生读书场面对比可以证明：三味书屋的教育是失败的。

【"乐屋"说】读书的内容虽然不懂，但就这十几个孩子叽叽喳喳、人声鼎沸的读书场面也让人振奋、激动、陶醉，更有老师自我陶醉的吟咏，让孩子们看话剧般羡慕不已。读书的内容也是宽泛的，三教九流都有，虽然受当时书籍稀缺的限制，但仍见当时的教育是自由的，孩子们是喜欢和老师一起过这样多彩的课堂生活的。

先生读书入神的时候，于我们是很相宜的。有几个便用纸糊的盔甲套在指甲上做戏。我是画画儿，用一种叫作"荆川纸"的，蒙在小说的绣像上一个个描下来，像习字时候的影写一样。读的书多起来，画的画也多起来；书没有读成，画的成绩却不少了，最成片段的是《荡寇志》和《西游记》的绣像，都有一大本。后来，为要钱用，卖给了一个有钱的同窗了。他的父亲是开锡箔店的；听说现在自己已经做了店主，而且快要升到绅士的地位了。这东西早已没有了吧。

【"苦屋"说】读书间隙的另一种快乐是描绣像，但只能是在先生"入神的时候"，偷偷摸摸地描，可见孩子们不喜欢当时的教育内容，当时的教育扼杀、拘囿了孩子个性的发展、特长的培养。"后来，因为要钱用，卖给一个有钱的同窗了、他的父亲是开锡箔店的；听说自己也做了店主，而且快要升到绅士地位了"，从同学的角度否定了三味书屋式的教育，它培养出来的人，正是这种逐利趋势之徒，是旧制度的维护者与社会基础，使文章的批判更深刻有力。

【"乐屋"说】正如上文后花园的快乐生活一样，课堂上孩子们也有自己的顽皮和快乐，那就是趁老师"读书入神的时候"，"用纸糊的盔甲套在指甲上做戏"，"我"则偷偷摸摸地描绣像，这样与后花园一课外一课内，构成必要的相互补充，使三味书屋的快乐内容更加全面。"这东西早已没有了吧"，结尾一句表达了作者对课堂上这种与老师貌合神离的快乐"地下活动"的依恋与怀念。

总之，三味书屋的生活，对于童年的鲁迅而言，和百草园同样是新鲜而充满快乐的。我们从作者对三味书屋生活的描写中，也不难发现字里行间洋溢着快乐的情趣。从"黑油的竹门"、匾道、图画等陈设，从那没有孔子牌位的拜孔子仪式，从同窗溜到三味书屋后的小花园"折腊梅""寻蝉蜕"到人声鼎沸的课堂，自得其乐的老先生，颇有些成绩的绣像，飞速进步的"对课"，处处洋溢着一种成年人回顾往事的乐趣，时时流露出孩童般新奇天真和快乐的情趣。

《从百草园到三味书屋》，通过对百草园和三味书屋的回忆，表现作者儿童时代对自然的热爱，对知识的追求，以及天真、幼稚、欢乐的心理，反映了人由本真天性向社会性成长的过程。因此，从百草园到三味书屋，不是对比衬托的关系，也不仅仅是并列、承接的关系，更是递进、提升的关系。

呼唤人性的复苏

——《我的叔叔于勒》主题新解

《我的叔叔于勒》是 19 世纪法国著名小说家莫泊桑的作品，也是选入中学教材多年的一篇传统课文。多少年来，我们一代又一代人与于勒一起成长；多少年来，我们每每提到于勒，想到的都是"资本主义社会赤裸裸的金钱关系"；多少年来，我们的教师也是"今天重复昨天的故事"，将"资本主义社会赤裸裸的金钱关系"再传递给新一代。今天，重教这篇传统的外国小说，我觉得，应该让"古树发新枝""旧酒品出新滋味"。

我姑且不论当初莫泊桑写这样一篇小说的初衷，即使当初他所要反映的主题就是"资本主义社会赤裸裸的金钱关系"，但我仍然觉得，"作品一旦发表，就不再归作者所有，他的生命应该属于广大的读者"。

这篇小说的主题立意，正如海明威所说的"冰山理论"，我们不要只看见水上的"八分之一"，希望我们在重读时去深层发现埋在水面之下的"八分之七"。

细细品咂本文，我们会发现，小说的主题可以有下列几种理解。

第一，反映了资本主义社会人与人之间赤裸裸的金钱关系，这一点毋庸赘言。

第二，小说反映了生活在底层小人物的真实辛酸的生活。

读过课文，我们抨击菲利普夫妇，抨击他们的虚荣、势力、自私、贪婪、唯利是图。可是，我们可以换位思考一下，菲利普夫妇一家"并不是有钱的人家，也就是刚刚够生活罢了。我父亲做着事，很晚才从办公室回来，挣的钱不多""那时家里样样都要节省，有人请吃饭是从来不敢答应的，以免回请；买日用品也是常常买减价的，买拍卖的底货；姐姐的长袍是自己做的，买15个铜子一米的花边，常常要在价钱上计较半天""我大姐那时28岁。二姐26岁。她们老找不着对象，这是全家人十分发愁的事"。换位思考，假如我们自己的生活也像菲利普夫妇那样拮据的时候，我们又该怎么办呢？收入只能保证最起码的生活，穷得连女儿都嫁不出去了，当你的一个亲兄弟是富翁的话，你会如何感想？我认为，小说反映的恰恰是人之所以作为人的真实做法和想法。多少年前，我们不也渴望有个海外有钱的亲戚吗？菲利普夫妇，就是我们生活中平凡人的缩影。当菲利普也是百万富翁的时候，他能不帮助自己的弟弟吗？实际上，菲利普夫妇之所以不敢认于勒，归根结底是因为一个字——"穷"——穷怕了。我觉得这不是资本主义还是社会主义的政治问题，而是一个真实的"人性"问题。"穷居闹市无近邻，富在深山有远亲"，鲁迅说过，"悲剧就是将有价值的东西毁灭给人看"，我觉得莫泊桑，就是将人类最本质的特征表现出来了，从而呼唤"真爱"，他所塑造的菲利普夫妇，只是一个立体的真实的"人"，是东西方都有的、能够代表人类的、处于下层的典型的"人"，这种人只有以一定的物质（金钱）作基础，才能拥有生存的机会和权力，才能成长为社会的"人"。菲利普夫妇代表的，是真正的"人"，通过他们，作者呼唤善良的人性的复苏。小说的根本任务是反映现实生活，《我的叔叔于勒》反映的就是典型的、最真实的生活。

第三，小说反映的是对人类善良和关爱的呼唤。

小说结尾说，"我给了他十个铜子的小费。"作者在年幼的若瑟夫身上，寄托了自己的理想，这个没有受社会物欲横流浸染的、还怀有一颗赤子之心的孩子，还存在着最起码的"人性"——关爱，这恰恰与已经成长为成年人的菲利普夫妇形成了鲜明的对比，通过这样的对比，让学生自己辨别美丑。

莫泊桑是一个像达·芬奇画蛋一样被福楼拜砥砺磨炼过的作家，他是一个生活在现实生活中的人，他的素材来源于与他亲密接触的生活。他不可能只是反映那么简单的社会，我们在重教时，需要放下自己的师道尊严，没有必要唱那么高的高调，像何立伟《白色鸟》中的两个少年一样，用少年的眼光看本文。

本单元的小说，所反映的都是少年的生活，阅读的对象是十四五岁的少年，通过课文，不只是传授给学生认识法国资本主义社会人与人之间赤裸裸的金钱关系的知识，更重要的是培养他们的生活体验，树立正确的情感态度和价值观，让他们结合自己的生活体验挖掘小说的主题，关注生活，关注现实，而不是强加给学生以沉重的"资本主义社会赤裸裸的金钱关系"。读出新意，品出新滋味，我认为编者选取本文入教材的目的也就达到了，我们的教学也就成功了。

《我的叔叔于勒》，是一瓶陈年的酒，越品越有滋味。

与孟子商榷

——《孟子二章》质疑两点

近日重教经典之作《孟子二章》，蓦然发觉两处疑问，现提出与孟子及各位同仁商榷。

《得道多助，失道寡助》第四段中"①得道者多助，失道者寡助。②寡助之至，亲戚畔之；多助之至，天下顺之。③以天下之所顺，攻亲戚之所畔，故君子有不战，战必胜矣。"（文中序号为笔者分析需要所注）教到此处，本人发现、学生也多次疑问，第①句先说"得道者"，后说"失道者"，而第②句却先说"失道者（寡助之至，亲戚畔之）"，后说"得道者（多助之至，天下顺之）"，第③句又回到第①句的叙述顺序。试问：此处是否犯有语序混乱的语病？

因为在现代汉语中，为了语言的通顺，读起来顺当，是讲究对应词语的顺序的。如初中语文课本第六册中就明确指出，这是一种语病。

①动物有卵生的，有胎生的。猪、马、牛、羊等哺乳动物都是胎生的，哺乳动物以外的其他动物都是卵生的。

②动物有胎生的，有卵生的。猪、马、牛、羊等哺乳动物都是胎生的，哺乳动物以外的其他动物都是卵生的。

①前边先说"卵生"，后说"胎生"，后边举例先举"胎生"，后举"卵生"，前后顺序不对应。调整为②，语序就合理了。

根据这一原则，《得道多助，失道寡助》第四段中的文字应调整为"得道者多助，失道者寡助。多助之至，天下顺之；寡助之至，亲戚畔之。以天下之所顺，攻亲戚之所畔，故君子有不战，战必胜矣。"这样前后对应，前后一贯，也许更符合表达的需要，便于我们接受和理解。

《生于忧患，死于安乐》一文中，"空乏其身，行拂乱其所为"一句的句读多年来一直在"身"后停顿。我不知道这是孟子的初衷还是后人所为，以讹传讹。笔者认为，在"行"后停顿似乎更合理一些——"空乏其身行，拂乱其所为"。从结构上看，前文都是四言句式，对仗严整，节奏感强，这两句由四言变为五言对仗，是前文整饬句式的延续；从内容上看，"空乏"为同义合成词，是"缺少、缺乏"之意，"拂乱"也是同义合成词，是"不顺、错乱"之意。"身行"与"所为"在意义上也相近，即"所做的事"，《荀子·大略》中有"口言善，身行恶，国妖也。"这里"行"即为"做"，从前后文看这两句的内容应该是一致的、统一的；从朗读上看，在"行"后停顿，也比原来的读法更顺口，更流利。

是"原驰蜡象"还是"原驱蜡像"

近日，读毛泽东的《沁园春·雪》，我们的文字版本一直是"原驰蜡象"，中学语文课本也是"原驰蜡象"，但我们的很多书法作品中，流传最多最广的几幅都是"原驱蜡像"，包括人民教育出版社九年级上语文课本封面后选用的毛泽东手书《沁园春·雪》，也是"原驱蜡像"。笔者认为：毛泽东原诗稿是"原驱蜡像"，而由于相互错误传抄，变成了"原驰蜡象"。

再者，"原驱蜡像"比"原驰蜡象"意境和意味更浓。"原驰蜡象"运用比喻，写出了黄土高原的动感，高原好像奔驰的白象。而"原驱蜡像"，既有比喻，还有拟人，更能表现诗人主宰中国（或者说中原）的雄心抱负，这一抱负在他的另一首诗词《沁园春·长沙》中"问苍茫大地，谁主沉浮"，也已体现。

附：毛泽东手笔书法作品《沁园春·雪》。

（此文发表在《语文报（教师版）》2011年8月5日第15期第5版）

小女子，大智慧
——评曾文彦的《紫藤萝瀑布》

一位坚强的女子，以自己的情为笔，以自己的心为墨，用自己深邃的发现的眼睛和敏锐的哲理的思想，冲刷出一挂《紫藤萝瀑布》。她，就是永远的大家闺秀——宗璞。

另一位来自苏州的女子，用自己的清新自然，用自己的真情流露，用师生四十五分钟的情感共鸣，汇小流以成江海，用涓涓的爱，在那个时空组建的特殊课堂里，流淌了一条生命的长河——为自己，为宗璞，为听课的师生，为语文教学。她，就是江苏省苏州市立达学校的曾文彦老师。

我醉了，醉在那节课中，我觉得，在那短短的四十五分钟里，曾老师和宗璞、和文本、和学生、和我们融为了一体，这份相知相容的共鸣来自于曾老师"清水出芙蓉，天然去雕饰"的自然亲情，那么唯美却一点也不做作；来自于对教材深刻的理解和感悟，真正走进了作者和文章的"心灵"世界；来自于曾老师的教学睿智，深厚的知识积淀，巧妙的知识契合。整节课的讲解正如一挂流动的瀑布——由小到大，由浅入深，那么自然，那么合适，就那么轻轻地流淌在每一位听课的师生心田上。

课堂一开始，曾老师就结合图文进行有感情地朗读，用那如露、如细雨的语言滋润着孩子们的视觉、听觉和感觉世界，用"如花的语言"感染着"如花的孩子们"的心灵。"花语"的定位太合适了！美，美得如花；说，说得哲理；动，流动如水。曾老师正是抓住紫藤萝瀑布美丽、流动的特点，让学生用心灵走进了《紫藤萝瀑布》，走进了宗璞，踏上了生命长河的帆船。

在优美的泛读中，曾老师指导学生画出最美的语句，并批注评析，说出紫藤萝瀑布美在哪里。就是在处理这浅层的文本解读时，教师抓住紫藤萝瀑布"动感"的特征，引导学生在反复的朗读中感悟这种"流动"的生命之美，每一次的朗读都带着任务，更多的是情感的体验，使学生一步一步走进了文本深处。曾老师并没有停留在朗读和谈感受上，扎实的教学让课堂再次走向深入——让学生写一写花语。读写结合，多面出击，使学生本来就比较深刻的认识、感悟、体验进一步强化。

"这么美的花献给谁？"一语中的，将学生由"水面之上八分之一的冰山"（文本）带进了"水下的八分之七的冰山"（深刻的立意）。对这一问题的解决，曾老师也是先让学生谈感性的初步认识，当学生认识不够深刻之时，曾老师适时地发挥了教师的引导作用——出示了写作背景，让学生再次深入地体悟。真可谓"不愤不启，不悱不发"。在分析时曾老师能抓住"点"，抓到"位"，如对"都"和"又"字的捕捉，让我们不得不折服于曾老师对教材的准确把握和驾驭。

最后，曾老师将课堂收起，再次升华，将师生对文本的解读延展至感悟生命长河的无止境，使文章的社会内涵和思想内涵更加丰富、更加阔达而深远。

曾老师的整堂课就抓住画龙点睛的那么几句话（说说它美在哪里、这么美的花语献给谁、为什么说生命的长河无止境），那么几个词语（瀑布、流动、帆、舱、都、又），辅以高超的技巧穿针引线，将这节课的预设做到了"极致"。

《紫藤萝瀑布》属于"永远的大家闺秀"宗璞，属于有深沉忧郁的朗诵、轻柔温情的花语以及坚韧有力的脚步、"刚""柔"之美集于一身的南方女子——曾文彦。她的花语是那样的柔弱，可她的步伐却又那样的坚定，对生命的思考通过她的手势、脚步阐释得淋漓尽致。通过她潺潺流淌的语言和情感，宗璞的《紫藤萝瀑布》流淌进我们的心灵，流淌在我们的心野上……

挚爱着生命的乐园

追求高效课堂，实现生命成长

实施有效课堂教学，是高标准、高水平落实课程方案的落脚点和增长点。为此，我们以提高课堂教学效率为中心，深入开展教学研究和课题研究，努力提高教师素质，保障课程方案的高效落实。

一、认真研究新课标，提高教学的针对性

首先，学校组织教师认真学习、深入研究新课标，把握新课标的理论精髓，用新课标的思想观念武装教师的头脑，让教师心中有标，教学扣标。

其次，加强学科教研。结合学科特点，以教研组为单位，深入研究课标在中学三年甚至在义务教育九年教材中的具体要求、具体体现，讨论课标与教材的最佳契合点，将课标落实到每一册教材每一个章节中，学科组编制出"知识树"，实现统筹教学。

第三，备课突出"四内容"，授课强调"四优化"，实现教学过程"五转变"。备课突出"四内容"，指备课要备教学思想和教学理念，备教材，备学生，备教法学法；授课强调"四优化"，一是优化教学目标，体现显性目标、隐性目标和发展目标的有机结合，突出情感、态度、价值观的有效统一，强调目标制定的三个有利于，即有利于操作，有利于评价，有利于培养学生的能力，提高学生素质；二是优化教学内容，深入探讨教材内容与新课标之间的联系，更高层次地践行课标精神，根据课标要求对教材进行筛选或重组，真正实现"用教材教"而非"教

教材"，强调课本知识与生活的联系，突出知识运用功能；三是优化教学过程，要求教师结合各班实际、学生个性特点、基础知识水平等，真正实现因材施教；四是优化教学形式，倡导师生、生生互动，尊重学生体验，务求课堂教学借助现代教育技术，采取启发式、问题情境式、活动式等方式，采用"先学后教，以学定教，以导促学，全面提高"的教法，使课堂教学实现"五转变"：变"教师以教为主"为"学生以学为主"，突出学生的主体地位；变"学生被动接受"为"学生主动探究"，增强学生学习的自主性；变"教后学"为"学后教"，充分发挥学生的主观能动性和创造力；变"课后巩固性作业"为"课前自学性作业"，强调课前预习；变"教师问、学生答"为"学生提问、师生共同探究"，注重学习的合作性和探究性。

二、加强教师培训，提升实施新课程的能力

高质量实施新课程方案，关键在教师。学校积极采取措施，进一步提高全体教师的理论修养和业务素质，提高教学艺术，创新教学方法，实现新课程背景下课堂教学的新突破。

一是学校重视对教师的校本培训，采取"走出去，请进来"的方式，大力提高教师素质，提升教师落实新课程的能力。每年暑假，学校利用网络和媒体课件对教师进行为期一周的新课程实施、教师角色转换和高标准落实课程标准的专题培训，并邀请美国约翰·杜威教育基金会的里奥·凯西、约瑟夫·戴维斯等专家到校进行理论讲座、研讨、上示范课；组织全校骨干教师、班主任到北师大培训，组织教师参加全国教师远程教育培训等，国家省市优质课评选，各种形式的专题培训，学校都最大数量地派出教师参加，在时间和经费上予以保证。种种举措都有利于开阔教师视野，促进教师专业化成长，提高教师落实新课程的实际水平。

二是实施课题带动战略，深入开展课题研究，提高教科研能力和落实课程方案能力。学校实施以提高学生创新精神和实践能力为核心的"探究性"教学改革实验，承担国家教育部、省教研室的"个性化阅读与文学教育"、"优化课堂教学结构实施策略研究"等多个课题的研究，尊重学生的主体地位，培养学生自主、合作、探究的学习能力，教育科研成果显著，课题研究"以学为主的课堂教学""教师信息素养与教师专业化发展研究"获省科研成果奖。

三是实施"名师工程"和"青蓝工程"，鼓励青年教师与老教师、与骨干教师结对子，推出"名师讲坛"，促进教师专业化成长，整体提高全校教师落实课程方案的能力。

三、加强课堂教学改革，打造精品课堂

一是深入开展以"优化课堂教学结构与实施策略研究"为主题的"探究式"公开教学，构建焕发学生生命活力的有效课堂，整体提高教师的执教能力和专业素质，有效提高新课程实施的质量。

"探究式"公开教学，强调学生是课程的主体，强调课程多元化的价值取向，强调学习者的经验、体验和生活，突出课程三维目标和课标、教材、教师、学生、环境等多因素的整合，注重培养学生自主、合作、探究的学习能力，全面促进教师教育理念的更新、教学思想的转变、教学方式的改革和教学能力的增强，提高落实课程标准的有效性和针对性。

公开教学的主要流程是：确定主讲教师→主讲教师自主备课→学科组集体备课→形成教案→教研组初步听课研讨、修正→公开教学展示、全员听课→全校教师评课、研讨→教师学习借鉴与提高。

通过几年来的公开教学，学校有效地进行了课堂教学结构实施策略的"五环节"研究：即学生自主性学习研究，主要是在新课程背景下，激发学生的求知欲，培养学生独立学习、自觉学习的能力；学生互助性学习研究，主要指教师建构适应新课程理念的有效课堂，把"问题、对话、激趣、导疑、评价"五要素结合起来，实现互动、互助基础上的有效教学；学生反思性学习研究，主要指教师如何建立以学生自我评价为主的多元评价体系；学生练习性学习研究，主要是指教师如何精选实践活动，变换行为方式，提高学生的实践能力和技能掌握的高效性；学生补偿性学习研究，是指教师面向全体学生，帮助引导每一个学生，保证高质量教育的可持续发展。

二是积极开展专题研讨，解难释疑，达成共识，提升教师的理论水平和科研意识。为此，学校先后组织"培养学生自主学习能力策略研究""优化课堂教学结构与实施策略研究""在教材和课堂上有效落实新课标"等专题研讨，把专题研讨作为提高和深化课题理论、落实课程方案的有效手段。活动中，全体教师气氛热烈，畅所欲言，就专题提出自己的问题、困惑、建议、意见、想法、措施等，在培养学生自主合作探究的学习方式等方面达成了共识。

（此文发表在《基础教育改革论坛》2010年第一辑第43-44页）

生存　生活　生命

——市新营中学推行"三生教育"的探索

所谓"三生教育"，就是培养学生的生存能力，提高学生的生活素养，提升学生的生命质量。

市新营中学近两年来在学校中推行"三生教育"，学校发展引入全新理念，使各项工作焕发新机。目前，学校正加深研究，逐步深化，努力将"三生教育"打造成学校新的亮点特色，进一步提升学校办学水平和在全省义务教育学校中的地位。"三生教育"已在市新营中学开出艳丽的奇葩！

一、以正确理念引导"三生教育"

举凡文化底蕴深厚的学校，步入校园总有一种无形的气场，让人感受到学校的文化气息。为在学生中大力开展"三生教育"，市新营中学以全新的教育理念引领学校进行创新发展。

（一）以人为本的理念。现代教育强调以人为本，把重视人、理解人、尊重人、爱护人、提升和发展人的精神贯注于教育教学的全过程，它更关注人的现实需要和未来发展，更注重开发和挖掘人自身的禀赋和潜能，更重视人自身的价值及其实现，并致力于培养人的自尊、自信、自爱、自立、自强意识，不断提升人们的精神文化品位和生活质量，从而不断提高人的生存和发展能力，促进人自身的发展与完善。

（二）人的发展的理念。现代教育以促进人的自由全面发展为宗旨，因此它更关注人的发展的完整性、全面性。表现在宏观上，它是面向全体公民的国民性教育，注重民族整体的全面发展，以大力提高和发展全民族的思想道德素质和科学文化素质，提高民族的知识创新和技术创新能力，增强包括民族凝聚力在内的综合国力为根本目标；表现在微观上，它以促进每一个学生在德、智、体、美等方面的全面发展与完善，造就全面发展的人才为己任。这就要求人们在教育观念上实现由精英教育向大众教育、由专业性教育向通识性教育的转变，在教育方法上采取德、智、体、美等多育并举、整体育人的教育方略。

青少年是从儿童到成人的过渡时期，他们有独立自主的愿望，但还没有获得实现这些愿望的全部心智和能力。青春是美好的，但从另一个方面而言它也是充满困扰的。青少年情感丰富，热情洋溢，有强烈的探索欲望，对人生有美好的憧憬，与此同时，在面临挫折的时候，他们也极容易自暴自弃，悲观厌世；在思考人生的时候，也常常陷入迷惘、无所适从的境地。"三生教育"首先是"立人"

的教育，要立人，就要回归生命本体。

二、以联动环节实施"三生教育"

（一）学科渗透。新营中学把"三生教育"与其他课程加以整合，将"三生教育"内容落实到每一门课程的每一节课；结合健康教育、环境教育、青春期教育、安全教育等地方课程和学校课程，帮助学生形成生存能力，培养健康生活意识，拓展生命情怀；开展一系列专题教育，将"三生教育"的理念贯穿其中，在三个年级分别开展培养生存能力、提高生活素养和提升生命质量的研究性学习，取得了良好的效果。

（二）课程落实。学校开发了"三生教育"校本课程，并编写了三本高质量的"三生教育"教材——《培养生存能力》《提高生活素养》和《提升生命质量》，借助教材有效落实校本课程。

（三）活动展示。学校先后开展了"三生教育"杯经典诵读活动；"三生教育"感恩系列教育活动；"三八"节开展了给父母写一封信活动，并要求父母写回信，编辑出版了《海之韵》专辑；建立了新的升国旗制度，周一全校师生举行重大的升旗仪式，周二至周五，每天早晨7:30，准时奏国歌、升国旗，全校师生立即停止手头的工作，起立面向国旗行注目礼；每学期开展为期一周的安全疏散演练，提高生存能力；开展秋季趣味运动会、拔河比赛、广播体操比赛、校园吉尼斯、元旦文艺汇演、元旦书画展等，培养学生高雅的情趣，提升生命质量，努力把学校办成师生学习、生活的乐园。

（四）文化影响。学校不断优化校园环境，环境建设更加人性化。在校园内设阅报栏，将每天的《人民日报》等悬挂张贴，供师生阅览；开辟了文化长廊，将《论语》及唐诗宋词元曲镌刻其上，让名人、文化时刻陪伴师生，随时与师生对话。教学楼走廊，设置古诗配画；图书实验楼走廊，悬挂中外科学家名言；楼梯口，张贴教育专家的箴言……学校开展以"我与好书为友，书香伴我终生"的"读书月"活动，让全校师生读经典、读名著，师生共读，亲子共读，营造起浓郁的书香文化氛围。

三、以有效措施保障"三生教育"

为保证"三生教育"目标的学科渗透和课程的有效落实，学校注重全面提升教师队伍的整体素质和层次。

（一）加强校本培训，实施"内部供血"。

1.大力实施"铸魂工程""名师工程"和"青蓝工程"，要求所有教师成为"三生教育"的楷模。通过"铸魂工程"，不断提高教师自身的知识素养与人生境界，"静下心来教书，潜下心来育人"，既做"经师"，更做"人师"。将"特别能吃苦，特别愿拼搏，特别乐奉献，特别善创新"的新营精神和"爱岗敬业、爱校如家、爱生如子、爱心育人"的新营师德风范进一步发扬光大；大力开展"名师论坛"活动，让教师先在本校成为"大师"、成为"专家"，目前已有10多名优秀教师介绍了自己的班级管理和教学经验；实施"青蓝工程"，老教师、骨干教师和青年教师结对子，优势互补。学校还注意引导广大教师转变思想，更新观念，与时俱进；要求教师注重课堂教学艺术，并努力掌握现代教育技术。积极参与教研教改，努力做一名学习型、科研型、创新型的教师。

2. 每周三下午，学校举行两节课的校本教研活动，深入研究新课标与教材、课堂的整合。

3. 注重营造积极向上的校园舆论氛围，组织全体教师读国学，学国学，听国学，先后组织教师聆听翟鸿燊等讲的国学讲座，让教师与大师沟通，与经典对话，构建书香校园。每周二、四下午全校女教师练瑜伽，开设了"音乐咖啡书吧"，让男老师"绅士"化，让女教师"淑女"化，全面提升教师队伍的整体素质和层次。

（二）拓展校外交流，实施"外部供氧"。

学校积极开辟国际交流和校际交流，先后与日本、韩国、新西兰及本省市的一些兄弟学校等进行交流合作。先后利用暑假组织了近200人次骨干教师到北师大、华东师大培训，组织全校教师参加国家远程教育培训，国家省市各种形式的专题培训、优质课评选，学校都最大数量地派出教师学习，近两年来，学校投入教师培训经费高达四十多万元。

市新营中学推行"三生教育"以来，师生关系融洽，学生违规违纪行为明显减少，学生更加阳光、健康、快乐，学校良性发展，学校获得"全国书香校园""全国新教育示范学校""山东省依法治校示范学校""山东省绿色学校""山东省花园式学校""全市教育工作先进单位""市直教育系统行风建设先进单位""日照市平安和谐校园""日照市工会工作先进单位"等十多项市级以上荣誉称号，顺利通过了省规范化学校验收、省课程评估验收、省语言文字规范化学校抽查、省教学示范学校抽查、省文明单位复查、省教育厅教育行风检查、市纪委行风检查等。

（此文发表在《黄海晨刊》2011年4月8日C2版）

放飞明天的希望

—— 日照市东港区秦楼一中自主发展活动侧记

中学生，祖国的明天和希望。日照市东港区秦楼一中借助全日制寄宿式学校这块实施素质教育得天独厚的沃土，放飞明天的希望，给同学们留出素质发展的充分空间，创造张扬个性的条件，同学们"自主发展、健康发展、全面发展"，素质教育开出了艳丽的奇葩……

"我是小主人"

同学们自行制定"班级自律公约""宿舍自律条例"，每一位同学都出谋献策，然后全班或全宿舍人员讨论表决，最后形成条文，贴墙公布。整个学校呈现一派文明、和谐、健康、稳定发展的良好态势。我曾问过一些同学，他们说：

"不好意思，自己定的自己不遵守，不履行，不像话。"

"中国人自古以来说话算话，我们不能不遵守自己定的标准。"

"这样做，我们都是班级的小主人，人人都管别人，人人都被人管，调动起了我们的主人翁意识。"

秦楼一中的环境卫生、上下楼秩序、出操、自行车排放等方面的规范，令每一位到过该校的各界人士都交口称赞，殊不知，这全是同学们自主管理的结果。

军营式的生活

寄宿式学校，为同学们提高自理自立能力提供了最好的机遇和条件。起床——整理内务——出操——上课——打饭——休息，整个一套军营式的生活。在这紧张而有节奏的生活中，同学们的自理自立能力得到充分锻炼，培养了团结协作、和睦相处的生活作风，有效地克服了现代社会中独生子女娇惯、懒散、拖拉的生活习惯，难怪许多城里的家长将孩子送到这里"镀金"。

不必说铃声一响，立即起床，没有了"恋被窝"的"小懒虫"；不必说"千人步伐一个声"的整齐队列；也不必说同学自己打饭、打水，没有了"饭来张口""衣来伸手"的"小皇帝""小公主"的挑剔，单是宿舍内务，就显示了同学们过硬的"军事"本领：

被褥叠放豆腐块，物品放置一条线。

地面整洁无垃圾，床面平整如水面。

同学们在这"火热的军营生活"里，打造自我，锻炼能力，学习知识，寻求发展，独立生活和适应社会的能力大大提高。学校不仅受到家长的欢迎，还得到了各级领导的肯定，多次被上级确定为各种现场会现场。

我是父母的孩子

许多人发现：现代孩子越来越渴望温情、亲情。秦楼一中也有效地抓住这一契机，倡议开展了"给父母洗一次脚"活动，收到家长的反馈信一千六百多封。一位家长在信中写道：

"在儿子的反复要求下，我答应了让他给洗脚，他认真地为我脱下鞋、脱下袜子，将我的脚放在早已兑好的温水里，我感到一股热流涌遍全身，我感到儿子长大了，懂事了。儿子细腻的小手给我搓着脚，我感到了做父亲的幸福，体会到了儿子对我的爱。这次活动，不仅缩短了我与儿子间的心理、感情距离，而且也增强了我自己对家庭的责任感。感谢学校使孩子有了如此大的转变，感谢学校对孩子的教育。"

亲情教育，缩短了父母与孩子之间的感情距离，融洽了家庭关系，父母感受到了子女的爱，使同学们明确了自己的责任，使爱的阳光洒满了班级、宿舍、学校、家庭、社会。师生有困难，同学们纷纷解囊，捐出自己的零花钱，近三年光捐助贫困同学就达近万元；每逢"三八"秦楼集，集市散后一片狼藉，同学们义务保洁，给行人一个方便；为了走读同学骑自行车方便，初三（1）班自发成立"修车小组"……"赠人玫瑰，手有余香"。给别人一个方便，献一份爱心给他人，在秦楼一中已蔚然成风。

English 广播站

"Good afternoon,everyone.My name is..."这是秦楼一中每天吃饭空隙的"英语套餐"，为同学们在茶余饭后创造了学习英语和英语交际的环境。英语广播站稿件的采编、播音，全部来自同学。English 广播站的成立，不仅锻炼了同学们的英语听说能力，而且丰富了课间生活，使大家学到了知识，提高了能力。

——学生闫早荣，自参加英语播音后，英语成绩、口语能力迅速提高。

——近三年来，同学们参加全国英语能力竞赛，先后二十多人获国家一二三等奖。

——同学们的英语听说能力明显提高，考试成绩优异。

English 广播站，成为秦楼一中一道亮丽的风景，在周边学校中也是绝无仅有的。

让每一名学生都拥有自信

"张鹏，课间操动作到位，我觉得应该表扬。"

"李飞，能保持好自己课桌周围的卫生，桌面整洁，这是他的优点。"

……

这是各班班委会组织开展的"找优点"活动正在悄然进行。

学校始终注意对同学们自信心的呵护。教室里，"试一试，你能行！""想一想，你一定很棒！""用一用，你会有收获的！"这样的鼓励话语经常听到。同学之间没有歧视、讥笑，有的只是帮助、鼓励。宽容、愉快、和谐、文明的学风日益浓厚。在这里，没有不合格的学生，每个同学都能找到自己的闪光点，树立起自信心；在这里，每个同学都有才，在良好的教育和训练中，每个同学都能成才、成功；在这里，每个同学都能够得到健康、全面的发展。

走向大海

碧海、蓝天、金沙滩，是日照的名片。秦楼一中地处沿海，学校抓住近几年旅游业迅猛发展的契机，及时组织同学们参加实践活动，丰富知识、学会生存、体验生活，使大家在活动中得到锻炼提高，真正成为大海的儿女。

——由同学们参与的暑假社会实践活动——民俗旅游，不仅为远道而来的游客提供了优质的食宿服务，还为他们义务当导游，让他们了解渔家生活，教他们做渔家饭、识渔家事、过渔家日子等，受到了游客欢迎，多次被省市电视台报道。

——随着旅游业的迅猛发展，随之也带来了环境的污染，不少地方白色垃圾遍地。同学们在团委的号召下，在各村临时团支部的带领下，成立"义务保洁队"，每年暑假和星期天都捡拾塑料袋等白色垃圾近千斤，有效地扼制了白色污染，保护了环境，为家乡献出了自己的微薄之力，为远道而来的客人创造了整洁、干净的旅游环境。

——碧蓝的海水，丰富的资源，多样的海洋生物，为同学们提供了得天独厚的第三课堂。各种兴趣小组来到海边：轻拂的海风吹来文学的灵感，奔腾的浪花唱出青春的欢歌，洁白的海鸥点缀碧蓝的大海，纹蛤、螃蟹撬开了科学的大门……多姿多彩的大海为学校的写作、音乐、美术、生物等兴趣小组提供了鲜活的素材和实验平台。

放飞明天的希望，秦楼一中的同学们正为民族的腾飞而准备着明天的素质！

（此文发表于《现代教育导报（初中版）》2002 年 8 月 6 日头版头条）

风好正是扬帆时

——日照市新营中学十年发展纪实

日照市新营中学 1998 年 6 月开始筹建，1999 年 9 月正式招生，仅仅十年的时间，即跻身全省基础教育名校行列，成为一所现代化、规范化的省级示范学校；她以教育思想超前、师资力量雄厚、教育质量上乘、办学特色鲜明赢得社会的广泛认可，形成了以实施素质教育为核心的优质教育品牌。

一、端正办学思想，以先进的教育理念引领学校的发展

新营中学始终坚持科学发展观，秉承"为学生未来发展奠基，为社会文明进步育人"的办学理念，坚持"以人为本、爱心育人"的办学宗旨，全面贯彻党的教育方针，全面推进素质教育。提出了"让每一棵幼苗都茁壮，愿每一株鲜花皆芬芳"的办学口号，积极构建"适应终身学习，适应未来发展"的人才培养模式；突出"全面发展，各有所长"的办学特色，实践"诚信做人，自强不息"的校训，学校已形成"诚实、勤奋、和谐、创新"的校风，"规范、严谨、协作、开拓"的教风和"立志、刻苦、求异、善思"的学风。

二、创新管理机制，为学校发展不断注入新的活力

学校坚持强化内涵建设，积极实践以人为本、科学管理、强化合作、激励竞争的管理理念，牢固树立"全心全意依靠教师、一心一意为了学生"的宗旨，不断深化"后勤为前勤、教干为师生、教师为学生"的服务意识，把制度管理、科学管理、人文管理有机结合，使师生潜能最大限度地得以发挥，逐步形成行政、教育、教学等方面的管理特色。

学校领导班子立德立行，率先垂范，坚持阳光行政，经常深入办公室、备课组、班级，进行调研，关注、解决师生们的实际困难；利用课余时间，走访教师家庭，关注生病及有困难教师，知家情，解家难；"校长热线"二十四小时开通，设置校长信箱，开辟校务公开宣传栏，给师生参与民主管理提供平台，形成领导与教师之间平等共事、互相尊重的民主氛围。

学校注重对教师的培养，建设好骨干教师和班主任两支队伍，带动学校群体形象的整体提高；坚持开展班主任经验交流、师德教育专题讲座、师德宣誓等活动，调动了教师的工作积极性。广大教师无私奉献，以主人翁精神和高昂的工作热情支持学校发展，形成了"特别能吃苦、特别愿拼搏、特别乐奉献，特别善创新"的新营精神和"爱岗敬业、爱校如家、爱生如子、爱心育人"的新营师德风范。

三、加强环境建设，努力实现教学设施标准化、现代化

学校积极强化学校的软硬环境建设，努力为高水平落实课程方案、高质量实施素质教育、促进学生全面发展搭建平台，提供条件。六千七百平方米的教学楼，每个教室均配有背投彩电，基本实现现代化；六千五百平方米的图书实验楼，不但建有一流的理化生实验室，而且设立了德馨馆、校史馆、博览馆、国学馆、民乐馆、管乐室、舞蹈室、音乐室、雕塑室、剪纸室、国画室、书法室、写生室、微机室、多媒体教室等，为各类校本课程和综合实践课程的开设奠定了物质基础；二千一百平方米的办公楼，各项设施齐全，为教师提供了优越的办公条件；六千平方米的综合楼，集食堂、公寓于一体，方便了师生生活。学校还铺设了拥有三百米塑胶跑道的操场和四个塑胶篮球场，全校路面铺设了大理石板，开辟鱼塘，竖立假山，栽植广玉兰、香樟、翠竹、雪松等各种花木，美化、绿化校园，教学楼、教室内、办公室内充分体现"墙壁育人"功效，内外布置"名人名言""古诗配画""校训班训""学风教风"等宣传标语牌，开辟了文化长廊，将《论语》及唐诗宋词元曲镌刻其上，让名人、文化时刻陪伴师生，随时与师生对话。

学校还努力加强软环境建设，提高教师素质。一是加强思想政治工作，大力加强师德建设，组织教师进行师德宣誓等活动，以增强教师文明执教的意识；学校制定了《教师职业道德自律"十要十忌"》《教师用语"十提倡"》和《教师忌语》，严格规范教师的行为。二是十分注重教师业务水平的培养与提高，制定严格的校本培训计划与制度，引导广大教师转变思想，更新观念，与时俱进；学校积极开辟国际交流和校际交流，先后与美国、加拿大、韩国、广东、黑龙江及本省市的一些兄弟学校等进行交流合作，"请进来，走出去"，邀请美国约翰·杜威教育基金会的里奥·凯西、约瑟夫·戴维斯等专家到校进行理论讲座、研讨、上示范课，到北师大参加骨干教师培训，参加国家远程教育培训；国家省市优质课评选、各种形式的专题培训，学校都最大数量地派出教师外出学习，在经费上给予保证。目前，全校一百六十名专任教师全部具有本科学历，研究生学历和在读研究生六人，高级教师五十九人，中级教师六十九人，形成了一支爱岗敬业、乐于奉献、勇于改革、敢于创新的学者型教师队伍。三是学校大力实施"名师工程"和"青蓝工程"，加强骨干教师培养，激励青年教师脱颖而出，全面提升教师队伍的整体素质和层次。大力开展"名师论坛"活动，总结班级管理、教学经验，实现整体提高，促进教师专业化成长；实施"青蓝工程"，老教师、骨干教师和青年教师结对子，整体提高教师队伍素质和持续性发展。目前全校一百六十名专任教师，有全国优秀教师一人，省级优秀教师二人，市级优秀教师、师德标兵、

优秀班主任十二人，日照名师一人，市级学科带头人五人，市级骨干教师二十七人，参加省级骨干教师培训的十二人，市教学新秀五人，获全国教改新星提名奖一人，国家优质课奖教师六人，省优质课奖教师五十五人，市优质课奖教师一百三十二人。

学校大力实施"科研兴校"战略，深入开展课题研究，提高教师的教科研能力和落实课程方案能力。实施以提高学生创新精神和实践能力为核心的"探究性"教学改革实验，承担国家教育部、省教研室的"个性化阅读与文学教育""优化课堂教学结构策略研究"等多个国家省市级课题研究，尊重学生主体地位，培养学生自主、合作、探究的学习能力，教育科研成果显著，课题研究"以学为主的课堂教学"获省科研成果奖。

四、转变育人观念，促进学生全面发展

首先，学校坚持"德育为首，五育并举"的原则，突出思想政治教育、品德教育、纪律养成教育、法制教育四个重点，以课堂、德馨馆、团校为主阵地，积极拓宽德育工作领域，创建了城建花园等社区德育基地，成立了家长委员会，形成了学校、社会、家庭三位一体的教育合力；设计了《学生成长手册》，全面记录学生的成长足迹；先后组织了"感恩父母，孝亲敬老""迎全运火炬"等丰富多彩的活动，聘请团中央知心姐姐、我国知名心理专家邹越教授、市"五老"报告团、市交警支队干警做"弘扬社会主义荣辱观爱国主义素质教育演讲"以及交通安全等主题内容的报告会，加强了学生日常行为规范的养成教育，让学生自觉做到"坐有相、穿有样、言有规、行有范"，培养他们形成正确的世界观、人生观和价值观。

其次，学校十分注重加强学生的学习管理和学习习惯的养成教育。他们以社会为平台，联系交警、公安、城管执法局等，加强校园周边环境治理，重点治理校门口交通秩序、校外不法人员扰乱教学秩序、"三无"食品摊、校园周边"网吧"等。成立校园"110"，实行校长带班、学校中层、班主任和年轻老师参与的全过程无间隙管理，制定了《新营中学学生一日学习常规》，从预习、听课、复习、作业、考试等方面对学生的学习行为进行细致入微的规范和指导，引导学生自我管理，自主、合作、探究学习，取得了良好的效果。学校中考成绩连年居全市第一。

第三，学校致力于创建"全面发展，各有所长"的办学特色，突出特色教育，并以此带动校园文化建设。学校重视加强艺术教学的教研和艺术教师的培养，使他们人人都有专题研究和拿手"绝活"。不断加强艺术教学的硬件建设，为艺术教育的蓬勃发展搭建理想的平台；配置了音乐、美术、书法和剪纸教学专用教室，开设了泥塑、剪纸、民乐、鼓乐等十多门艺术类校本课程，开展了丰富多彩的艺术活动，使每一位学生都能接受到良好的艺术教育和熏陶，校园洋溢着浓郁的艺术氛围。

在专业教师的指导训练下，该校艺术特长生在历年中考中成绩非常突出。每年的"六·一""元旦"，学校均举办隆重的艺术表演；通过举办"校园歌手大奖赛""'新营杯'学生才艺大赛""学校田径运动会"等丰富多彩的文体活动，为学生的艺术才能和体育竞技水平提供展示的舞台。在全市庆祝建党 80 周年和共青团建团 82 周年大型文艺汇演中，校合唱队演出的大合唱均获一等奖；在山东省全民健身运动启动仪式上，校千名学生表演的大型青春健美操，以整齐有序、和谐优美的精彩表演倾倒了万千观众；在 2003 年全市春节联欢晚会中，该校同学表演的歌伴舞《小桥流水》在省电视台播出；在 2006 年"日照市中小学校园歌曲大赛"中，该校学生分获一二等奖，学校获优秀组织奖；在 2007 年全市教师节文艺汇演中，该校选送四块节目（占总节目的五分之一）分别获一二三等奖，学校获优秀组织奖；在 2008 年教师节和庆祝改革开放 30 周年大型文艺汇演中，该校的大合唱和器乐、舞蹈等节目，受到与会观众的高度评价……

几年来，学校先后获得"全国示范家长学校""中国少年科学院科普基地""中国地理学会科普基地""全国校园法制教育先进单位""全国生物奥林匹克竞赛金牌学校""山东省文明单位""山东省规范化学校""山东省教学示范学校""山东省中小学素质教育工作先进单位""山东省绿色学校""山东省优秀家长学校""山东省五四红旗团委标兵""山东省地震科普教育示范单位""山东省毒品预防教育示范学校"等四十多项荣誉称号，2003 年以来连年被评为市直教育系统行风先进单位。

"勇立潮头唱大风"，面对教育改革的大潮，年轻的新营中学正趁素质教育的东风，乘风破浪，扬帆远航……

（此文发表于 2008 年《闪光的足迹》）

徜徉于化雨的教育

共鸣着赵谦翔

朴实流畅的话语，一口压人的东北腔，从赵谦翔老师的人生经历上，我似乎读出了一个真实的自我——是巧合，还是夙愿？当听完赵老师的报告，我产生了深深的共鸣，我的心灵受到了巨大的震撼。我不愿说话，我似乎在品味着某种属于我与他的心灵相约、心灵相守，似乎可以列一个长长的表格，比较着我与他的距离为"零"的距离和我永远追及不上的无限距离。

相貌：冥冥中，我们似乎有些相似，大大的额头，搭配并不非常协调的脸，"葛优"型的脸庞甚至有点丑，稀疏的头发彰显出人生的付出与艰辛。不过赵老师的白发比我多一些，年龄比我稍长一点，眉宇间多了一架能够代表学问高深的眼镜。

属相：也许是上天的安排，也许有些迷信，也许我们属猪的天生就是当教师的料，他们夫妻、我们夫妻都属猪——用他的话来说是"两头猪"，这也许是一种命运的巧合吧？

从教：赵老师在农村 20 年栉风沐雨，教育人生坎坷，我呢？不也是在乡下11 年吗？从一座管理森严的森林被国家政策放进另一座更加厚重的原始森林。赵老师所教的第一门学科是俄语，我呢？是作为美术老师分配到任教的第一所学校，教的却是数学，前后一共教了初三八个月的《代数》和《几何》，由于自己勤奋的突破，在当时的生源条件下，成绩虽然没有遥遥领先，但我心无悔、问心无愧，应该说能够自我满足，五处中学居然教出平均分第三，其他年级、其他学科都是第四，甚至第五。八个月后，懵懂的我走进了条件稍好一点的中心初中改教语文，起初，真的不会教，当时的教研室卜主任让我跟同事季老师、王老师学，于是，我学一节课上一节课，初出茅庐的我毕业班也带得有声有色。

为人：赵老师的人生定位是"元气不佳，底气不足，节气不当，志气不大"，可以看出其为人的低调，而自己呢？也一直坚持低调做人，高调处事，对事情要精益求精、细致认真、准时。

函授：赵老师用了五年的时间完成了学士学位的学习，我用了五年的时间拿到了本科学历，虽然在我的166名师范同年级同学中是第一个，但善于满足的我却"戛然而止"，取得本科学历后再也没求进步，缺乏赵老师的钻劲和韧性。五年的函授生活，我身有体验，每逢寒暑假，几乎不能与家人团聚，考试、复习、学习、阅读等，我浓密的头发也就是在那几年纷纷"下海"，直到现在仍不愿光顾我，造成不到"不惑"之年就华发早生、头发稀疏、"森林覆盖率"大幅减少。

困难：我没有知青下乡的经历，没有经历那个大革文化的命的疯狂年代，但经历的困难我也深有同感——11年的乡村中学生活，两间陋室，尼龙袋拉的天棚也有"塌方"的深夜，也有"老鼠运动会"的热闹，也有小伙房水漫金山的演绎，也有寄人篱下租房子的苦恼，也有学校照顾的"桥上生活"……从结婚到现在，不也是自己和妻子一步步白手起家？只不过自己缺乏了赵老师的《居室铭》的那份自我陶醉、乐观和儒雅之趣。

起点：赵老师人生起点的学历是高二，我呢？中等师范三年，充其量也不过相当于"高三"毕业，文化知识上不如高三，专业知识上多了点教育学、心理学的知识而已。

出身：赵老师的出身应该说是富家子弟、书香之家、兄妹名人，只不过生不逢时巧遇那个大革文化的命的年代。我的出生比赵老师晚两旬，但自己出身农村，没有什么背景依靠，更缺乏一定的生活、交际能力，性格上稍有自卑，我缺乏赵老师克服困难的那股韧劲，那份持守，那份执着。

教改：赵老师张扬绿色、扩展式语文教改，取得了显著的成绩，他敢尝先人之先，围绕成绩，苦练自己，探索事半功倍的教学规律，成就了自己的成功事业和辉煌人生。这一点，我本人与他在思想上也有一种同趋感，努力探索一些语文学习的规律、方法，走"科研兴学"之路，所主持的"以学为主的语文教学""个性化阅读与文学教育"等课题研究也结题、获奖，但自己缺乏赵老师那坚持不懈的恒力。

口才：赵老师是带着浓重的"东北味"的"赵本山式"幽默语言，口若悬河，这一切均是"成本""内涵"，无不显示出其知识驾驭之强、之深、之多。而自己常自缄己口，慎行讷言，老是感觉自己知识贫乏、做人古板、短缺人际交往的知识。语文教学，是听说读写的组合，突出说与写的表达。写，我还稍有勤奋，偶有一些"豆腐块"见诸报端，当然，比起赵老师的"写文的不能写诗，写诗的绝对能写文"还欠一个层次，但也算自我满足、自我欣赏；说，的确是本人的一大弱项，几次坎坷的人生经历使我有一种"一朝被蛇咬，十年怕井绳"的心有余悸，于是有了"言多必失"的顾虑，更多的是把自己封闭起来。

成长：应该说我也是一个幸运儿，1999年，年仅28岁的我因为教学成绩突出，被评为山东省优秀教师，这在我同学中应该是九牛一毛了，之后相继又获得全国教改新星、省市骨干教师、省中学语文优秀教师、市优秀班主任等一些称号。"高山仰止"，在赵老师面前，我感到自己是如此的渺小，赵老师的人生折射出我的很多人生的散光，人生经历的相通与共鸣，使赵老师成为我追求和学习的目标，成为自己的榜样。他有思想，敢于突破，敢于向外冲，敢于触及高端媒体——东方时空栏目等很多做法，值得我学习、借鉴。

还有那么多那么多的相似相通之处……

对照赵老师，我找准相通之处，校准自己的目标，找出了自己的缺陷，努力进行修订、纠正，努力做最好的自己。

冥冥中，我与赵老师产生了深深的共鸣，从赵老师的身上，我读出了一种感觉，读出了一份真谛……

学会奖励自己

现代信息社会的飞速发展，家长、老师在课业学习上的殷切期望和严格要求，青少年自身的学习、交际、成长发育等各方面的压力……使广大中小学生身陷"苦海"，使本应生动活泼、多姿多彩的青少年生活变得黯然失色、单调枯燥，甚至有些青少年变得烦躁、叛逆。的确，社会、学校和家庭给学生的期望太高太多——练琴、进奥赛班……几代人的重望全压在不成熟的稚嫩心灵上，而且越来越重。许多学生为完成重托，累得焦头烂额。所以，就我们青少年自身来说，应该学会适时给自己一份奖励，学会自我释放压力，以平常心态对待学习和生活中的坎坷、曲折甚至风浪。

学习中，我们不难发现，很多学生为了实现重点高中梦、实现自己上大学的理想，勤奋拼搏，早晨四点起床，晚上熬夜到十二点，整天沉浸在书山题海之中，真是"日理万机""夜以继日"。可等到考试一看，成绩却并不理想，付出与收获不成正比，使我们对"一分付出一分收获"这一俗语大加怀疑。有的同学虽然取得一些成绩，但也累得头晕眼花、心力交瘁，心理学中就有"动机过强、过犹不及"的说法。

俗话说"退一步海阔天空""磨刀不误砍柴工"。在必要的时候，适当放松一下自己，给自己一份奖励，可以给自己以激励、以思考、以总结，休养生息之后投入新的"战斗"，将会更加有力。因此，我们应该合理安排自己的学习和生活，制定切实可行的作息时间表，并适当留有余地，"找点时间，找点空闲"，抽空使我们紧绷的神经松弛一会儿。

奖励自己的方式很多：攻克了一道难题，奖励自己一包口香糖；连续几个星期的高度紧张复习，奖励自己一个懒觉；期中考试进入班级前十名，奖励自己一场足球热身赛；考试失利了，奖励自己一句名言作为座右铭……只要自己善待自己，相信我们会找到自己喜欢的奖励方式，因为我们青少年还没有退化到不会玩、不会休息的地步。

换一种方式对待学习、对待兴趣爱好的发展，也是对自己的一种奖励。爱好兴趣是转移大脑兴奋点的一种积极的休息，能有效改善大脑中枢的功能，消除疲劳，调节情绪，使人从紧张的学习中暂时解脱出来，让大脑在舒缓的气氛中得到休息。为爱好兴趣留一点时间，不但提高了个人的综合素质，调节了大脑，陶冶了性情，而且保证了学习的效率，锻炼了自己的技能，发展了自己的个性特长。

换一种心态对待自己认为"苦"的"差事"，"以苦为乐"，也是对自己的一种超级奖励。如果认清"苦差事"对自己人生的深远意义，把"苦差事"当做一种娱乐，一种游戏，沉浸在"苦差事"的乐趣中，我们就不会感到"苦差事"的"苦"。例如，做几何证明题，如果我们把它作为一种图形游戏看待，也许就不会对几何证明题感到畏难乏味。

万事总要有个度，奖励自己也要适度控制。繁多的奖励会使自己变得虚荣、贪婪、懒惰，会躺在自己给予自己的荣誉上空享安乐。这时，家长的提醒、老师的警示、朋友的规劝就是最好的奖励，应该听从他们的教诲。我们自己也要善于思考、总结，毕竟每个人都有惰性，都具有"不识庐山真面目，只缘身在此山中"的时候。

如果遇到难以解脱的心理困惑和烦恼，不要强迫自己埋于其中，可奖励自己一次"发泄"的机会：找要好的同学、老师、长辈谈谈，倾诉内心的痛苦和不满，从他们那里得到安慰和鼓励；到山上、到海边开阔一下视野，歇斯底里地大吼几声，痛痛快快地哭一场……这些都可以有效地调节自己的心态。

奖励有时要与惩罚一起使用。因为控制不住自己，对自己溺爱，奖励过分，如沉浸在"网吧"到凌晨，观看电视节目无度等，就要想方设法惩罚一下自己，使自己清醒一下头脑，否则一旦上瘾，形成坏习惯，对自己的学业、身心健康、终生发展等都将有害。

学会奖励自己，学会给自己一份空间呼吸，给自己适度的放松，我们中学生的学习生活就会更加丰富多彩，身心就会更加健康。

（此文发表在《少年天地》2003 年第 9 期 18-19 页）

浅论"EQ教育"

一、认识 EQ

EQ，即情商，是指人的心理素质、自我修养和性格特征等非智力因素，它是"做人"必须具备的基本素质之一。它几乎伴随着每个人的一生，直接影响着一个人的学习、工作、生活以及事业的成败。随着素质教育的不断深化，人们清醒地认识到情商教育在学生成长过程中至关重要的作用，提出"情商挑战智商"的观点。初中正是学生心理素质逐渐成熟的时期，在这个阶段对学生进行情商教育，显得尤为重要。

科学史上许多科学家智商并不高，但都获得了成功，靠的就是情商。爱迪生只读过三个月的小学就退学回家，被人们认为是不堪造就的笨孩子；达尔文中学时代成绩低劣，教师和父母都认为他不会有出息。此外还有瓦特、戴维、富兰克林、史蒂芬奇、道尔顿、法拉第等，小时候都不是高才生，有的甚至连书都没读过多少。

相反，也不乏智商不错而情商不佳造成失败或几近失败的例子。王安石笔下的方仲永，五岁能"指物作诗立就"，可谓智商不浅，但正是由于后天的情商教育不佳，最后也只是"泯然众人矣"，实在可惜；三国时周瑜智商未必不如诸葛亮，但周瑜心胸狭窄，容不得他人，才落了个"三气而死"。现实生活中，有许多智商很高但却与成功无缘的例子，同样，有的人虽然笨拙，但却能成功，从中可见情商教育的重要作用。

从人的成长过程看，青少年时期不仅是长身体、学知识、培养能力、掌握社会技能的重要时期，也是情商教育的重要时期。这段时期，学生可塑性强，社会的诱惑、学习的压力、生活的波折等，常常使学生孤独、抑郁、焦虑、悲观，甚至患上心理疾病。所以我们教师应对此引起高度重视，对学生加强情商教育，寻找克服不良情绪的方法，让他们具有健康的心理、良好的品质、坚强的意志，健康地成长，快乐地生活、学习。

从教育本身来看，我们推行素质教育，不仅要向学生传授知识、培养技能，而且还要教会学生如何做人。这"做人"的教育，除了道德思想的灌输、人格的培养外，情商教育也是一项必不可少的内容。

从社会的发展看，当今和未来社会是科技竞争的社会，特别是一些高、精、尖、新技术的研究、开发和应用，往往需要多人团结协作，而不是不合群、唯我独尊、喜欢在单兵作战中体现自身价值的"高级人才"。社会越来越需要不仅智商高、专业知识强，而且情商也要高的综合性人才。社会学家曾说："情商，作为帮助人们进行协调的技巧，在不久的将来，能成为像工厂企业的资产一样逐渐增值的财产。"

二、EQ 的类型

EQ 和 EQ 教育目标，主要包括五个方面的内容：

1. 自我控制能力。把不良的情绪控制在适度的范围内，找到控制（如恐惧、焦虑、愤怒）的方法。

2. 自我认识能力。某种感情产生时，自己能感悟并给予确认。

3. 自我激励能力。有目的地培养和保持乐观向上的情绪。

4. 移情能力。对他人的感情和关心极具敏感，能接受他人的意见和观点，又能欣赏别人对事物的不同看法。

5. 社交能力。控制他人的情绪，与人交往的能力和技巧。

那么，根据情商教育的要求和初中生的实际情况，应从以下几个方面对学生进行情商教育：

1. 培养学生坚强的意志。坚强的意志是一生受益不尽的法宝，它使人锲而不舍，百折不挠，义无反顾，披荆斩棘，勇往直前，直至走向成功。

2. 培养学生坚定的信念和远大的理想。在社会转型和经济转型的当今社会，实用主义哲学泛滥，拜金主义盛行，使许多青少年迷惑、随波逐流，缺乏责任感和使命感，有必要塑造学生的信念和理想。

3. 培养学生正确的价值观、人生观和美好的情操。

4. 培养学生稳定的情绪和高雅的气质。情绪与气质虽与遗传有关，但后天的修养能提高人的"文明程度"。

5. 培养学生宽厚的性格和强烈的合作意识。既能疾恶如仇，敢于斗争，"该出手时就出手"，又能宽以待人，与人为善。同时，课题的完成，项目的攻关，单靠一个人往往无法完成，相互协作是必不可少的，合作意识是现代人最重要的非智力素质。

三、EQ 教育的方法和措施

首先，教师要转变观念。学校不只是传授知识的地方，更重要的是立德树人。教师应该充分认识情商教育的重要性和必要性，自觉地对学生进行情商教育。

其次，教师要加强自身修养，注重身教。现在教师多数是从应试教育中走出来、走上讲台的，所以应该加强在情商教育知识方面的补习。情商教育不同于传授知识，身教重于言教，教师率先垂范，潜移默化，学生就会习以成性。

第三，注重在课堂教学中渗透。初中各门学科都有各自的特点，教师在教学过程中应该结合学科中的人文信息等有意识地进行情商教育。

第四，注重家校配合。教师和家长是学生接触最多、最亲近的人，对学生了解最透彻，家校配合，形成情商教育的合力，能收到事半功倍之效。课外活动，如课外阅读、文体活动、社会调查、名人采访、公益劳动等，可以促使学生关心社会，了解现实，思考人生，创造生活，互相帮助，互相协作。

此外，还可以通过主题班会、专题讲座、心理咨询等形式，针对学生学习、生活和思想的实际情况，有目的地培养学生的非智力因素，对学生进行情商教育。

（此文发表在《日照教研》2000 年 1-2 期第 57-58 页）

以德治班，用爱育人

——浅谈我的班级管理

尊敬的各位领导、老师：

你们好！1992 年毕业至今，我一直教两个班的语文，兼任班主任，十几年的班主任生涯使我坚信一点，那就是"以德治班，用爱育人"。十几年来，我一直认认真真、如履薄冰地教书育人，严格履行一个教师、一名班主任的神圣职责，实实在在地做了我应该做的一点工作。下面我将我的一些不成熟的班级管理方法向在座的各位领导、老师做简要汇报，不足不当之处，恳请领导老师们批评指正。

我们知道，"得人心者得天下"，左丘明的《曹刿论战》，孟子的《得道多助，失道寡助》，毛泽东的战略战术，无一不说明了这一点。在现代班级管理中，更需要以人为本，灌注人文，投入情感，倾注关爱，采用人性化的管理。要想带好一个班级，首先必须获得全体学生的心，使学生爱你，懂你，拥护你，听从你，甚至迷信你。在我的班级管理中，我始终注重学生的思想品德教育，把德育放在首位，以德治班，以德促智，收到了良好的教育效果。

一、贯穿求知先做人的理念，增进学生行为的规范化

在我的班级管理理念中，我始终坚持一个观点，那就是：学习，必须首先学会做人。会做人，是做好一切事情的基础，人做好了，成绩也会进步。如果一个人品质不好，那么他的学问越高、本领越大，可能对社会和国家造成的危害就越大。有的老师可能只注重智育，只注重成绩，我认为，学生的思想疏通了，能自觉主动地而不是光靠家长、老师逼迫着学习，就能取得事半功倍的效果。所以，我始终强调做人，关注学生的思想。

首先，我将"笔直做人，纵横求知""认真细致，精益求精"等格言张贴在教室墙壁上，作为班级的口号，时刻激励、警示着学生，增强学生的责任心，使命感，并多次通过班会向学生灌输先学做人的思想。

其次，通过一些活动，强化学生的礼貌、爱心、宽容、善良、慎独等文明行为，增强学生在班级、学校、家庭、社区中道德行为的规范化。

去年中秋节期间，我借鉴报刊上的经验，布置作业让学生回家给父母洗一次脚，并把感受写成作文，让家长签字，有的学生在作文中写道："给妈妈配好温水，脱下鞋袜，看着妈妈因操劳过度而变形的脚，抚摩着脚底那厚厚的茧，我感受到妈妈为了操持这个家所付出的艰辛，我一定要努力学习，以优异的成绩来报答母亲给我的关爱。"有的家长写道："当女儿为我脱下鞋袜，用她柔嫩的小手为我洗脚时，我不由得热泪盈眶，女儿长大了，懂事了。我也深深感受到肩上责任的重大。感谢学校布置了这样一次特殊的作业，我从中也学到了很多知识，希望学校以后多组织类似的活动。"这次活动，培养了学生的爱心，融洽了学生、老师和家长的关系，收到了良好的教育效果。

为了增强班级的凝聚力，上学期在学校组织教师、学生宣誓后，我也在班中组织了一次宣誓，在雄壮的国歌声中，我和学生一起举起了右手，握紧拳头，郑重宣誓，为了班级，我们团结一致，努力拼搏，为班级的振兴而奋斗。然后让学生围绕"振兴九班"这一主题签名，并把签名张贴于教室的宣传栏内，时刻激励学生努力学习，为班级争光。这次活动后，同学们的集体荣誉感、学习热情空前高涨，形成了"班荣我荣，班衰我耻"的浓厚学习风气。

另外，我常常将在报刊上读到的典型材料、感人故事及时地告诉学生，激励学生，鼓舞学生。例如读到清华大学食堂切菜工张立勇在托福考试中以630分考出了连清华高才生都难以达到的分数时，我鼓励学生要勤奋，要拼搏；读到大连公交车司机黄志全在心脏病发作时仍然将公交车靠路边停好、打开汽控门、熄灭引擎，最后离开人世时，我告诉学生要心怀他人，要有责任心；读到日本人重视学习，坐车时经常看到读书的少年、青年、中年、老年人的身影，并且，日本退休的老年人必须从退休金里拿出一部分钱用来买书时，我鼓励学生树立终身学习的观念，养成珍惜时间的习惯，养成爱买书、爱读书的习惯；我每接手一个新的班级，都要将我积累的郑国民的《除了奋斗，我别无选择》，含着热泪、含着深情，读给学生，告诉学生应该珍惜我们幸福的学习生活，不能身在福中不知福。

正是通过这些行之有效的活动，抓住每一次教育的契机，及时地教育学生，使学生在长期的灌输中、言论中、熏陶中，改正了一些不良的行为，养成了良好的行为习惯，从而促进他们学习成绩的提高。我觉得，作为班主任，最好过一段时间，就组织一个新的活动，给学生找到一个新的兴奋点，这样，教育的效果也许会更持久，更明显。

二、坚持身教重于言教，培养学生学习的自觉性

一个班级学生的特点，往往带有班主任的影子。著名教育家加里宁也说过："教师每天都生活在镜子里，学生始终观察着你。"可见，班主任的言传身教对学生的巨大影响力。在学生面前，我们一定要以身作则，特别注意自己的言行。每天早晨7：20，中午1：00，我能准时站在教室，迎接我的学生，正是我的坚持，学生也深受感染，迟到现象极为少见；平日里，我受学者闻一多的影响，"做了不说，或者做了再说"，总是认认真真做好每一件事情，尽上自己的十二分努力，以自己最满意的结果提前完成，许多学生可能也受我的影响，值日、学习、作业等都认认真真，饭空时间，教室里一直比较安静，到校的学生都能静静地坐在座位上认真地做作业或按自己的学习计划自觉地学习、复习，值日生有条不紊地值日。我认为，一个学生如果光靠老师逼着去学那一点，逼着背诵、逼着做作业等，效果非常微小，甚至会把原有的兴趣和积极性消磨得一无所有，要想让学生学好，遵守纪律，关键还是疏通学生的思想，让学生认识到学习的重要性，认识到遵守纪律给别人和自己带来的方便，自觉地去学，自觉地去做，达到我们"教就是为了不教"的目的。

要想让学生不做的事情，教师首先要不做。我本人从来不在课堂上接电话，从来没把水杯带到课堂上，从来不拖堂，一切严格按照教师职业道德、按学校的要求去做，严格按照学校的作息时间表落实自己的生活习惯，努力做学生的表率。学生不希望我在后门监视他们，我就坚决做到不监视他们，正是这严谨的工作作风，正是这种信任，潜移默化地影响着学生，感染着学生，我班的学生都能认真按照学校的要求、按照学校的作息时间表去做。在我看来，班主任如果在某一方面自己做得不好，或者迁就学生违反校规校纪，违反作息时间，学生就可能在各个方面都违反纪律，最后将难以收场。

在学习方面，我也尽量做到以身作则。我喜欢读书，喜欢写作，工作间隙，或自习课跟班，我常常抱着书阅读，这也潜移默化地影响着学生。一个爱读书、爱学习的老师所教的学生肯定也会爱读书、爱学习。学习在我们班已经成为一种自觉的行为。

三、树立雷厉风行的学风，促进班级工作的时效性

我觉得，要把事情干好，首要的不是业务经验，而是敬业的精神和"泥腿子"式的工作作风，也就是"把要做的事情真正当成自己应该干而又必须干好的一件事来做"，只要有这个劲头，就一定能把事情做好。学生之间的智力因素都是差不多的，那么，为什么会出现优生差生呢？我认为，关键在于学习习惯的养成，关键是后天的非智力因素的影响，如意志力、勤奋程度、思考习惯、好问精神等。如果学生能把学习看成是自己生存的本能，看成是自己的事情，自觉地、主动地学习，自愿去做，把学习当作一种满足，而不是要别人逼迫去做，把学习当作一种惩罚，那我们教育的目的也就达到了。所以，在我刚接现在所教的这个班的第一节课上，我就给学生分析了现在社会竞争激烈的形势，并向学生讲述了海尔集团总裁张瑞敏的生存理念——永远战战兢兢，永远如履薄冰；康佳集团总经理陈伟荣的自问——康佳是不是有问题了；比尔·盖茨的口头禅——微软离破产永远只有 18 个月。告诉学生，"我们今天学到的知识，到明天就会落后"，"今天你不生活在未来里，明天你将生活在过去里"，"做问心无愧的事情，别给自己留下后悔的机会"。同时，向学生提出明确要求，做人做事、学习生活，要有军人的作风，雷厉风行，干脆利落，不能只是想入非非，要落实到实践行动上，"有一千个愿望，不如做一件实事"。一旦发现班级管理中存在的问题、不足，要求学生立即改正，决不拖延。要求学生每天所做的事情，必须做到日清日结，并尽量走在老师要求的时间前面，具有超前意识，因为"机遇总是青睐那些有准备的人"，因为"主动是金"。因此，许多学生能严格要求自己，班级的学习、卫生、体育、自行车管理等各项工作都走在其他班级的前列，班级受到学校领导的好评。

四、尊重每一个学生的发展，保护学生思想的向善性

我曾多次在家长会上说过："70%或者80%的升学率，对一个学校来说是一个非常高的升学指标，但是，对一个家庭、对一个学生来说，如果考不上学，品行不良，走上了邪路，将来危害社会，就意味着是100%的失败，就意味着是我们教育100%的失败。"正是以这种思想为出发点，我本着为学生、为家长、为学校负责的态度，尽自己的最大努力引导、帮助、鼓励每一个学生不掉队，从不放弃每一个学生，主动联系家长形成教育的合力，努力使每一个学生发展到最好的程度。我们班主任不要两眼只盯着学生的成绩，要看到学生的个性特长，看到学生的发展进步。我鼓励学生既要抓好学习成绩，又要发展个性特长，让每一个学生在我的班中得到最大限度的发展。我班学生刘晓璐、马驰，学习成绩在班中居于中等水平，我鼓励他们学习音乐、美术，现在他们在各自的专业小组中，无论专业成绩还是学习成绩，都遥遥领先，他们自己也找到了自信。（2009年所教的学生朱永奇，我支持鼓励他发展体育，现在清华附中读书，曾在捷克举行的世界青少年田径锦标赛上获百米冠军。编者后注。）

马卡连柯说过："没有爱，便没有教育。"爱，是最好的教育。我们的班级工作就需要教师发自内心地去真正爱每一个学生，不管他是"丑小鸭"，还是"白天鹅"，"孩子们需要爱，特别是当他们不值得爱的时候"。我们目中要有"人"，不能教没有"人"的书，不能当没有"人"的班主任。有人说"良药苦口利于病，忠言逆耳利于行"，我认为，"良药甜口顺于心，忠言顺耳更利行"。我们要注意思考管理班级的方式方法，努力凸显人文，灌注情感管理。我从来没有让学生罚站，不管是站在教室外还是站在教室里面座位上。学生存在问题，如果在班上集体强调，我从不直接点名批评某一个同学，给每一个同学留下自尊。即使集体强调，我也不是什么时间想起来，马上强调，我强调的时间除班会时间外，一般在上课开始或结束的时候，从来不在课中打断学生的学习和思维（包括自习课上），充分尊重学生的时间和思考。谈心，是做学生工作最有效的方法。学生有问题，我总是先考虑好跟学生谈哪些内容，备好课，然后再把学生叫到教室外，一二三条理清楚地给学生指出，指出存在的不足，也告诉他们改进的方法、方向，从不耽误学生过多的时间，这也无形当中影响着学生去珍惜时间，尊重他人。在与学生谈心的过程中，我们要给予学生申辩的机会，千万不可独行专断。当我们做错了的时候，不要搪塞躲避找借口为自己开脱，要敢于在全班同学面前承认错误，作自我批评，这样不仅不会降低你在学生心目中的威信，反而会增强你与学生间的亲和力。我一般不在人群众多的地方批评学生，例如教室、办公室、课间操时，

往往在教室外、办公室外的墙角等地方，因为不管大人还是孩子，都是有自尊心的。

去年春运会，我班取得了总分第二的好成绩，我在班中大张旗鼓地表扬了这些运动员，在班里送他们是"最可爱的人"的称谓，并向他们深深鞠躬致意，因为这些学生，特别是几个男生，成绩多数较差，这次表扬、鼓励，使他们树立了信心，一段时间内学习、纪律等各方面表现都不错。

有一次班里的黑板擦被学生用"101"粘在了讲台上，我发现后并没有大惊小怪地责备学生，因为在这之前黑板擦中间已经裂了一道缝，我当时考虑的是，肯定是学生想把它粘好，而弄巧成拙。所以，有些时候，例如当学生迟到的时候，当学生完不成作业的时候，我们应理解学生，站在学生的角度考虑一下，也许有的老师会说"学生会撒谎"，但我们要坚信，每一个学生都是积极的、向善的，我们的耐心、我们的宽宏大度，肯定能换来学生的爱心、唤回学生的善良。

还有一次，我班仕海杰不小心将后门的玻璃打碎了，他立即找到我承认错误，我并没有批评他，只是提醒以后注意，中午将它换上。结果他下午上课前就换上了。在班上，我不仅没批评他，还表扬了他这种诚实、做错事敢于负责的做法。

元旦，是贺卡飘飞的季节，我们老师习惯于接受学生的贺卡、接受学生的祝福，去年元旦，我却自己买来贺卡，写上祝福，在元旦的那一天送给学生，给了学生一个意外的惊喜，许多学生对这张不足一元钱的贺卡格外珍惜，有的表示要终生保留。有一次一个学生家长对我谈起这件事，说她不小心将我送给她孩子的这张贺卡给扔了，孩子却哭着闹着非让家长找回来不可，对于已经是初三的孩子来说，能这样珍惜这张贺卡，可见它在孩子心中所占的分量。我认为，作为班主任，就应该多创造让学生终生记住的活动或事情，感染学生终生，在学生的思想中留下永恒的痕迹，给学生留下终生的积极影响。

正是这种尊重，使学生树立了信心，大多数学生能以健康的、积极的心态对待学习，维护班集体的利益。

总之，在师生关系上，我能够与每一届学生达成默契，十几年来，没有一个学生严重违反校规校纪，班级的学习、纪律、卫生等各项工作形成了一种自觉的习惯，例如，每天进教室后，最后一排的同学都主动地将桌子排整齐；打扫卫生的，排自行车的，收发作业的等都各司其职。学习成绩一直名列学校、乡镇乃至市区前茅，2000年，我所带的毕业平行班升入日照一中统招生12人，这在一所乡镇中学是前所未有的，我本人也被东港区教委授予"东港区初中优秀教师""东港区初中优秀班主任"；2002年，我所带的毕业平行班再次创乡镇学校升学纪录，升入重点高中统招生18人；我现在所带的班级，去年期末统考，有3人冲进年级（12 个班 1000 名学生）前 10 名；在数学竞赛中，全年级参加决赛的 96 人，我班占 11 人，其中秦立煜同学考了满分。这些成绩的取得，在座的大家可能不以为然，但是，如果你了解了这个班的历史，你也许会觉得这些数字是天方夜谭。当然，这些成绩的取得，离不开老师们辛勤的汗水，离不开同学们的努力，我，只是沾了他们的光，只是做了我应该做的一点工作。我觉得，自己能做的，会做的，就尽力做好，这是我的责任，也是对党和国家培养我的报答。

耽误了领导、老师们的宝贵时间，希望大家谅解，不足不当之处，虔望领导、老师批评指正。谢谢！

（此文是全市 2009 年班主任经验交流的发言）

《一桩奇特的诉讼案》引起的反思

读过刘燕敏的《一桩奇特的诉讼案》，我们深深惊叹于文中的美国母亲超乎常理的行为：为了孩子的想象力不被扼杀，竟然大胆起诉教会女儿"O"的幼儿园教师薇拉小姐，因为这使她的女儿失去了在这之前能把"O"说成苹果、太阳、足球、鸟蛋之类的圆形东西的能力。这种惊人的做法，是出于对孩子想象力、创造力的保护，是出于对国家、对人类自身发展的一种负责。她的辩护词成了内华达州修改《公民教育保护法》的依据，影响了美国《公民权法》的规定："幼儿在学校拥有玩的权利。"而这一规定，使美国在科技方面始终走在世界的前列，也使美国出现了比其他国家多得多的年轻富翁。

掩卷深思，作为从教十几年的优秀教师、骨干教师的我，又做了些什么呢？对学生、对国家、对社会、对人类，我们有一种深深的负罪感。我们曾经培养了那么多成绩优秀的学生，而这优异分数的背后，是否也隐藏着像美国母亲诉讼的薇拉小姐那样，扼杀了一些诸如想象力、创造力，甚至一些民族的什么东西呢？我们的教育又做了些什么呢？几千年的儒家文化追求的是齐家、治国、平天下，这些思想不能说没有束缚我们的教师及我们的学生的思维。美国的历史比中国的历史短得多，也许正是因为这短促，所以才没有这样那样的束缚，才敢于突破，敢于创新，思想才那么前卫新锐。

有一次，路过幼儿园，透过栅栏墙我看见一群训练有素的四五岁的孩子排着整齐的队伍，在老师的哨声中踏着节奏行走，墙外的家长和墙内校长模样的领导不时竖着拇指啧啧称赞着……看着这一切，我的心在滴血，他们还是天真烂漫的孩子呀！他们应该有活泼自然的天性！他们容不得这么折腾！这样下去，我们还怎么谈孩子的个性、发展？

爱因斯坦说过：想象力比知识更重要。有人做过实验，让幼儿园的孩子想象"O"像什么，他们能说出几十种，而让大学生或成人回答，却寥寥无几，这说明了什么？我们从幼儿园至大学近二十年的教育，到底教给了孩子什么？难道仅仅是这种想象力的扼杀？君不见我们的中小学生，整天在学校接受远远超过八小时的灌输，夜晚背着疲倦回家，仍要挑灯夜战到十一二点，做老师布置的那永远做不完的作业。许多家长在开家长会时，也多次要求老师多给学生布置作业，甚至每天打电话询问作业，一旦老师布置的作业少，家长又会布置新的作业，他们玩的时间哪里去了？只能在梦中，甚至梦中也哭泣着："妈妈，我作业还没做完呢！"早晨，天还没亮，又要起床早读，然后匆匆忙忙背起书包紧张地开始第二天的繁忙生活——检查作业、背书、听课、做作业，周而复始，日复一日，年复一年，甚至连星期天、节假日都被好心的老师和家长撺掇着上补习班、特长班而占去，他们成了这个世界上最忙最累的人。如此紧张，我们的孩子还有想象的时间吗？长时间以来，我们的孩子还有想象吗？我们到底是让孩子成为考试的工具、高分的低能儿，成为历史艺术的赝品，还是让孩子成为发明家、成为具有创造能力的人？现代的孔乙己、范进已屡见不鲜，诺贝尔奖的羞涩、物理化学史上琳琅满目的外国科学家的名字应该令国人、令我们教育界的领导和老师汗颜——不能为了急功近利，为了摘金夺银的分数或升学率，而拿我们民族的希望、拿我们国家的前途开玩笑、做实验。难怪西方学者说："西方的教育是把没有问题的学生教得有问题，而中国的教育是把有问题的学生教得没有问题。"我们宁可分数低一点，也应该多培养一些能够承担起民族复兴的、能发明出诸如四大发明这样具有说服力的人才来，可是现在哪一个老师、哪一个家长做到了呢？

多少年来，我们一直坚持培养那些"循规蹈矩的标准化、规范化的官员、技术人员与职员"，"他们有一种很强的能力，能够准确无误、准确无偏差地理解'他者'（在学校里是老师、校长，在考试中是考官，以后在社会上是上级、长官）的意图、要求；自觉地压抑自己内心不同于'他者'要求的一切想法，然后正确、准确、周密，甚至机械、死板地贯彻执行所谓一切'照章办事'，做到恰当而有效率，并且能够以明确、准确、逻辑性很强而又简洁的语言文字作出总结，并及时向'他者'汇报"，这，难道就是我们教育的目的？整齐划一的教育还要走多远？

我不知道这矛盾的根源在哪里，更不知道我弱小的能力能改变多少，我只觉得我们的教育走向了极端化，前两年的"减负"风起了一定的作用，近来山东省素质教育的深入推进更是促进了这一现状的改变……我不知道这种极端要走到何时，我不知道山东省素质教育的脚步能走多远，我渴望从根本上改变并长久地坚持这种改革，我只想高喊一声："救救学校，救救老师，救救孩子！"——为了中华民族的伟大复兴，为了祖国母亲美好的未来。

令人感动的《弟子规》

"滴滴"，我正在聚精会神地批改着学生的作文，忽然传来短信声，打开手机，一则短信赫然出现在屏幕上——

"杨主任：您好！上次跟您说的《弟子规》和碟片计划本周送到，送时再和您联系。"

我的眼前浮现出那位送《弟子规》的女士的身影，三十多岁，娇小的身材，平静的面容，和善的态度，似乎一位初中生。上次在校长的指示下，到我们校区联系送《弟子规》事宜——她打算给我们初一全体师生每人送一本《弟子规》，一张宣讲《弟子规》的碟片。

在世俗中长大的我世俗地问："收费吗？多少钱一套？"

"不收费！"女士很平静、很淡然地回答。

"每套十元的话，我们一千二百多师生，也得一万多块钱啊！你们从哪里出这钱？"我诧异地问。

"这，你就不用问了，只要为了提升下一代的素养做出我们应该做的。希望你在你们初一年级有效地开展这方面的实验，你可以看看辽宁十八中王琦老师的经验。"说着递给我一本书。

我简单翻了两页，无非是介绍如何推行《弟子规》，收到了怎样的效果。

"是不错，我们打算试试。"

我将师生数告诉这位女士。

"这么多书我们不能一下子给您送来，你要稍等几天，给我们付印的时间。"

我说："不急，非常感谢您的善举！"

"让我们共同努力。"女士说完，起身告辞。

两个周过去了，工作的繁忙让我把这件事淡忘了。今天，忽然又收到她的短信。

于是，我立即给她回短信："好的。谢谢您，您真是我学习的榜样！我代表初一全体师生谢谢您！"

"不用客气，您为孩子们辛苦了应该十几年了吧。不过，我有个请求，别说是谁送的，保密，真的！您要能保密，9月份招新生还送。"

感情脆弱的我眼泪一下子贮满了眼眶，我真的好感动，从心底里默默地说："我一定在初一推行好《弟子规》。"于是，给她回信，"好的，我一定保密，您真伟大，向您学习！"

接着她回短信："一言为定！"

我跟她只有一面之交，从她淡然平静的神态上，看出她似乎追求一种信仰。但这种义举，真的令人感动。在今天这个物欲横流的社会，能有这样善举的人，我是第一次遇到，以前只在电视看到过陈光标等人的善举。一个弱女子，居然能做到这么伟大，我们作为一名教师，更有义务培养学生们具有"海纳百川有容乃大，壁仞千里无欲则刚"的胸怀，放眼世界，胸怀天下，而不是锱铢必较，追逐那点蝇头小利。

一个娇小善良的弱女子，为我上了一堂生动的思想课……不管别人怎么看，做好自我，做一个简单至纯的人！

做匠人，做专家，还是做大师

当我们还在应试教育的漩涡中艰难斡旋时，当我们在教学方式方法上还在徘徊时，当我们在课堂和教材处理上还在"今天重复昨天的故事"时，我们的教育教学思想、理念到底该何去何从？——做一名教书匠，还是做一名教学专家，还是做一名大师？这应该成为一名有发展欲望的教师成长和发展深入思考的问题。

匠人，他的最大特点是教学中给学生传授的是知识，甚至说是知识点，教的是"书"，我们大多数教师（或许不应该叫"师"，而应该叫"教书匠"）是处于这一级水平。这类"教书匠"多年的教学可能对教材已烂熟于心，甚至倒背如流，哪个地方有一考点，哪个地方有一重要字词，哪个地方学生学习易出问题，"教书匠"了然于心。在教学方法上一直沿袭传统，不求改进；在备课方面，这类人是在历史的备课上修订再修订，蓝笔写了红笔改，再用黑色笔充实、补充，课堂上夸夸其谈，总有讲不完的知识点，问题，拖堂、挤占自习课成为家常便饭；让学生整天在作业、资料、听写、背诵中摸爬滚打，牺牲学生的休息时间和健康，甚至扼杀学生的创造性思维和创新能力；在考试或中考中看重分数而不是成绩（分数是一个数字，成绩是一种知识量的衡量，综合素质才是对一名学生的客观评价）。

专家，他的最大特点是教给学生规律和方法。他在教材使用上能够高屋建瓴，力透纸背，用总结出来的方法和规律指导学生用捷径解决问题，取得分数，这类教师最大的优点是减轻了学生的负担，用自己的研究和学习构建起了学科知识树，并把知识树分解到教科书的各个章节，把教材当做范例，"用教材教而不是教教材"，这类人的教学仍然脱离不了课堂，更主要的是仍旧在发挥教师的主导作用。

大师，才是一名教师成长的最高境界，他最大的特点是除具备教书匠宽厚的知识，具备教学专家严密的知识体系和实用的规律方法之外，有自己的个性和特色，教给学生学科思想、学习思想和学习理念。这类人不仅把握了"庐山""曲径通幽处"的羊肠小径，能够登上山顶，"一览众山小"，更有身在庐山外，识得庐山真面目的钻研，甚至还有把庐山当做自己窗台上的假山盆景，任意把玩修饰的自如与大气。魏书生是一个"怪"人，他是真正的大师级教师，他有自己的思想——放手给学生，尊重学生的主体地位。我们很多人学习"杜郎口"，学习"洋思"，亦步亦趋，个人感觉，晚了，我们需要学习，我们更需要创建，当一种教学模式一旦诞生，它就已经走向了死亡，我们不要拾人牙慧，"吃别人嚼过的馍不香"，我们要敢于创新，用自己的思维、用真正的教学改革提升自己教学的生命力和鲜活力，走向"大师"。

提及创新，如何创新？很多人认为"新"已经为他人所"创"尽，即使我绞尽脑汁也难以再突破。有思路才有出路，只要我们善于学习，善于反思，善于叛逆，善于研究，我们就能创新、发展，当务之急是我们需要有创新的思想。

布鲁诺、哥白尼正是有了对"地心说"的否定才有了"日心说"的创立；同样吃馒头，放热水熘过就软如面包，如果再做文章，可以在馒头外表绘上图形、涂上色彩，在造型上变成生肖，在内容上加入糖、巧克力、豌豆黄、红豆沙，来个中西合璧或乡土特色，都是一种创新，我们的教学也是这样。

大师是我们教学生涯追求的最高境界，学习是成为大师的途径，突破前人是创新的瓶颈，个性特色是创新的关键。学习，不是一味地照搬，要产生共鸣，要有所发现，并在发现的基础上通过反思总结构建自己的理论，通过这样的螺旋发展，就能逐步成为大师。

愿我们戴着镣铐舞出优美的舞蹈，做最好的自己。

放飞思维，守望田野

——2011 年参加常州武进"守望我们的田野"新教育高峰论坛体会

2011 年 7 月 9 日至 11 日，有幸和日照教育界的精英近百人参加了在江苏省常州市武进区召开的"守望我们的田野"新教育高峰论坛，会上除来自全国各地的新教育的追随和实践者近千人之外，更有来自美国的教育团队和日本的专家，使我的视野豁然中开，让我闻到了世界东西方教育的芬芳，这是我从教参加教研会议以来最高层次的一次论坛盛会。

7 月 8 号，我们大约下午 2 点到达湖小南校区，报到后，我们带着一种新奇和崇敬、怀着一颗学习的心游览校园。首先，感觉湖塘桥小学建设很大气、很现代化，也间接反映出江苏经济的优势。校园正对大门的一席流水倍添了学校的活力，拾级而上，对面影壁上一行字"这里走出一品平民"赫然映入眼帘。接着我们漫步校园，不禁有种天人合一的感觉，校园是那样的和谐自然，连贯一体，各种活动室健全，主题鲜明，内容丰富。教室课桌以小组为单位相对而坐，班额在四五十人的样子。印象深刻的是每个教室都有一个书橱，放满书籍，每层楼都有开放的书架放在开水炉旁，真正建立起开放的书香校园，学生可以随手拈来书籍就读；每层楼的楼梯相接处，开辟了泥塑、手工制作、脸谱等作品展示台，摆满学生的创意作品……可以想象，这里的孩子过着一种幸福而完整的教育生活！

7 月 9 日上午我们观看了湖小新教育展示，很多节目让我们耳目一新，从中也感觉到湖小老师和孩子们的多才多艺。王小波老师的事迹再一次让每位参会者流下了感动的泪水。张云波老师"家庭的故事"告诉我们新教育人需要伴侣的支持与理解，更需要温暖的家庭。下午我们分别聆听了几位新教育实践者和专家的报告：奚亚英、张硕果、王领琴、牛心红、敖双英、王林、李庆明等新教育示范教师分别从新教育实验区、完美教室实验项目、实验课程、新教育实验经历、阅读推介、新教育实验学校打造等主题向大会进行了实践交流。奚校长说："我是一位普通的校长，没有让人骄傲的学历，没有可以炫耀的光环，我有的只是作为教师的良知、作为校长的责任和作为教育人的梦想。教师的良知让我对学生的眷恋难以自拔，校长的责任让我对学校的发展不敢懈怠；作为教育人，平民的情愫让我在追梦的路上激情满怀。"奚校长的一席话无不让我们动容，从中我们也深深体会到了她的平民教育情怀。其他老师的报告，都有自身实践探索的饱含深情，更有实验过程中的理性思考。一个个具体的做法，为我们新教育人提供了借鉴的方法和操作的可能性；一个个朴实的故事点燃了我们新教育者的激情，朱永新说过："有梦的地方就会有希望。"新教育是一种平民教育，更需要广大一线教师践行，敖双英在那偏僻的"桃花源"中都能克服种种困难，承载着新教育之梦，漫溯而上，而我们的条件比他们好，又有什么理由不相信自己？朱永新说："只要上路，一定会遇到庆典。"怀揣着梦想，向着明亮前方！

7月10日，分主会场和分会场，主会场主要是学校有效管理，分会场主要是有效课堂教学。我参加了有效课堂教学的学习。美国教育专家们从多个角度向中国新教育人介绍了地区、学校、班级的教育风格和具体做法。美国教育专家的讲座上，即时翻译和清晰的PPT画面，弥补了语言上的障碍。美国专家们的介绍让我们了解到：异域教育的特点很多方面值得我们学习和借鉴。从他们的讲座中，我们不难捕捉到"让学生成为学习的主人""如何在学科教学上融入民族思想""与学生生活关联""建立严格的正面的合理的师生关系"等这些教育教学理念，其实都是围绕一个中心"有效教学"发散而出的多种策略。一百二十所天主教会学校、每个孩子都可以成功、每个学生都是特别的、每个学生都有个性化发展的可能、阅读为中心等一系列做法，与新教育的理念异曲同工。在以人为本的教育理念下，世界各地都有相同尺码的教育人。7月10日下午，来自成都大学的陈大伟教授、江西师大的何小忠博士、福建师大的张荣伟博士给我们带来了精彩的报告。陈大伟说只有教师改变，才能导致课堂上"静悄悄的革命"，影响教师改变的因素不仅涉及认识和观念、技术和能力，也涉及情感和意愿，课堂改进关涉教师生活改变。何小忠向我们解释了"新教育实验"的概念及其歧义消解；张荣伟阐述了什么是"新教育共同体"：以"新教育之梦"为共同追求，以"五大观点、六大行动、四大改变"为行动逻辑，以创造"幸福完整的教育生活"为价值标准的中国基础教育改革主体；陶新华向我们介绍了新教育实验的心理学，他说物质的满足给予人的快乐是短暂的，新教育人的人生态度是积极的、乐观的，来自于我们传统的文化，来自于我们老师纯真的心，幸福人生的三个要素是：健康、快乐、成功。

2011年7月11日上午，本次高峰论坛的压轴之作佐藤学教授讲述了"学习共同体的教学改革与学校改革"，通过PPT向我们展示了世界各地的教室，向我们介绍了世界各地教室里教师与学生的情况，使我们大开眼界，当他讲到"教室里已经不再是一块黑板再加一位教师站在讲台前上课的旧有模式了，课堂更多的呈现出一种自由、开放的状态"，使得会场上的我们不由得发出惊叹。大家都知道，我国的教室里还都离不开黑板加粉笔的模式。这让我们进一步体会到中国教育改革的迫切性。现在，中国部分教室桌椅的摆放不同了，学习方式也发生了变化。中国的教育变革是时代的召唤和要求。好在我们学校已经走出了巨大的一步，将黑板变成了白板。但教育的革命不仅仅是物质条件的变革，更应该是思想的革命，思想的现代化。所以作为一名新时代的教师，我们应该加强学习，拥有现代化的教育思想。

10 日晚上 6:30 ～ 8:30 参观新教育工作坊，我循环参观了每一个工作坊，各个工作坊各有千秋。走进数码社区，来自上海的从技术层面上开发了社区学习交流的一些方法，比较引人注目。印象最深刻的是"构筑理想课堂"的专题活动。代表发言结束后，海门教育局的一位领导向卢志文院长询问："现在有快乐课堂、理想课堂、高效课堂、有效课堂等等，我们新教育的课堂到底是什么样的课堂？"卢志文院长详细做了介绍，最后他说："一个好老师能教出好学生，谁能保证全中国的老师都是好老师？所以就需要一个机制，即使最差的老师来教，学生自己能自学 80% 的知识，这是保底的底线。当然我希望全中国的老师都是好老师。"他的这一席话告诉我们不管是什么模式的课堂，培养学生的自学能力与创造力是最重要的。

本次新教育论坛，我还深深感受到：中西方教育，越来越重视开放式、人文化、共同合作的教学。从美国的教育，到日本的学习共同体，再到我们的新教育，无不关注学生的能力与发展，而不再是只注重知识的吸纳。正像有的专家所说的，新时期的教育是：学习，在家学；玩，到学校里。学习，就是为了寻找最好的同伴。

其次，一场教育的变革，首先是思想的变革。我们不难感受到，一件事，如果我们愿做，喜欢做，我们会想尽一切方法创造各种条件做好。反之，如果逆反、被动，就会停滞，就会没有效果。所以，我们应该主动去学、去改。

再次，一次论坛，我们可能学到一些行之有效的方法，但这些少之又少，更多的是打开思维，在学习别人先进经验的基础上，开阔自己的视野，形成创新的思维，激发创新改革的动力与激情。我们一线的教师，外出学习的机会很少，长期的学校教学拘囿了思维，让我们往往变得保守、封闭，一次会议，最重要的是打开我们的思想、思维，使我们跳出眼光短浅的闭门造车，给我们的思想和视野一次洗礼。

当然，学到的东西还有很多很多。

常州之行，不仅让我体会到江苏经济的蒸蒸日上，而且体验到中国的教育变革已从星星之火发展为燎原之势。十几个成功地区的代表们用行动用事实述说着新教育的巨大魅力。全国各地的代表团自费参加会议的老师们不远千里，跋山涉水奔赴武进，为的就是学习新教育，准备着做一名新教育的践行者。理论是行动的先导，我们日照新教育刚刚起步，我们要抓紧时间阅读新教育的有关理论书籍，同时在网上查阅实验区先进的案例，再结合学校实际、班级实际和老师实际状况，制定下学期切实可行的计划以待开学执行。朱永新说："没有教室的变革，没有课堂的变革，没有一线教师的成长，一切变革都是空中楼阁。"任何华丽的语言在新教育面前都显得苍白无力，新教育需要深深扎根于泥土之中，坚守我们的田野，新教育的种子才会发芽、长大。

我相信，因为有梦，明天的阳光会更加灿烂；因为有梦，明天的教育会更加美好。相信自己、相信教育、相信明天、相信新教育的种子会播散到日照大地的每一个角落，相信新教育的力量会润泽每一个孩子的心灵，相信新教育将书写每个教育人的生命传奇。

化蛹为蝶

——华东师范大学网络教育学院培训体会

之所以用这个题目，来自于我们的笔记本封面美丽的蝴蝶的启发。

7月18日至21日，我们一行75人来到慕名已久的华东师范大学，汽车刚开进校园，就被那粗壮的法国梧桐掩映下的深厚的文化气息所感染，不由得发出一声感叹——大学就是大学，接着发短信给远在深圳的女儿——"一定打好基础考好大学，大学也有区别"，鼓励她要好好学习。车随路转，最后停下，我们陆续下车，漫步校园，适遇某电影公司在拍电影，来自世界各地的年轻的大学生暑假还没离校，我们就这样徜徉在青春浪漫、绿树环绕、小桥流水的师大校园。

转过一座教学楼，我们来到培训教室——103室。在简短的开班仪式结束后，培训正式开始。

7月18日上午，首先为我们开讲的是华东师范大学网络学院院长祝智庭教授，题目是《网络时代的教育文化变革》，他以高效快捷的讲授，让我们认识了技术的创新、思想的飞跃和文化的发展。

下午王荣良教授《多元视角的信息与信息技术》的报告老师们似乎不感冒，反应平平。我是以"捡到筐里皆是菜"的态度对待这场报告的，强忍着瞌睡认真听了报告，了解了一些信息技术发展的历史。

7月19号上午是上海教科院教师发展中心的杨东玉教授的《教师如何做课

例》，这位年轻教授的经验来自于实践，所以对教师撰写、研究课例有很大启发。杨老师从课例及类型、特征、价值等方面条理清楚地介绍了研究课例的具体做法和意义，特别是课例的要素（背景与主题、情境与描述、问题与讨论、诠释与研究）对我们研究、撰写课例提供了过程与方法。课堂交流提问的艺术，通过实例展示也给我们留下了深刻的印象——"谁再来说一遍？""还有不同的方法吗？""听懂他的意思了吗？""你的办法与他不同在哪里？"反映出教学的三种理念。"划掉最亲的一个人"游戏的三次改动，也给人很多启发。

19 日下午，来自上海闵行的物理特级教师马九克做了《信息技术支持下的创新研究》的报告，感觉最大的收获不是他教给我们的一些技术——怎么制作PPT，更多的是打开了我们的思维——作为一名教师，或者说一个人，在我们的生活中，不管是教学生活还是日常生活中，都应该学会思维、创新！别人的方法我们固然可以借鉴，但是，根据实际的创新更显宝贵。所以报告后，我产生了强烈的冲动，想深入研究信息技术在教学及日常生活中的运用，形成提高生活速度的快捷方式，更产生了做任何事情多动脑筋，走捷径，争取做到事半功倍的想法。

整体而言，本次学习收获颇丰。

一、知识是无止境的，世事洞察皆学问。这次走进大学，零距离接触了几位教授专家，感觉他们的知识是如此深厚，如此丰富，衬托得自己是如此渺小、无知。所以，在今后的工作中，要多学习，多听专家学者的报告，多读书，在有生之年尽可能地多学点东西，不管是专业的，还是生活的方方面面，丰富自己的内涵，武装自己的思想，争取做一个"杂家"——这才是一个人的成长之本。而我们在平日里往往忽视了这些，往往是应时应需地去学习读书，所以收获微少，而且感觉到疲惫劳累。

二、要善于创新。我们大多数中国人习惯于记忆、积累，习惯于落实他人的思想，而惰于发明创造。我们应该具有专业理论研究的意识，多积累、多钻研本专业学科的知识，形成一定的理论高度，做本行业、本专业的专家。但是，我们更应该具有创新意识和创新行动，马九克老师给我们做出了榜样示范。很多老师可能想学的是他的制作 PPT 的方法技巧，于是买了他的很多书（当然我也买了）。可我感觉更应该学他的创新思维和做法，学他的觉悟思想，7 月 19 日下午他的讲座也许比他的书更有价值，他启发着我们的技术进步，更激发着我们的思维创新！

现实中，我们从事基础教育的老师更注重本学科历史知识的积淀，所以在培训中也可以窥见一斑，跟学科有关的，学一点，听一点；跟学科无关的，离席或者神接千里。课堂教学演示，听者济济一堂；专家理论报告，能跑则跑，其吸引力远不及几个人造的景点。教学中，我们也是为了追求高分只注意学生打基础，过分注重基础知识的牢固而冲淡了技术的发明创新，甚至打击技术创新的积极性，搞题海战术、重复训练、死记硬背等，从而忽视了创新发明，忽视了技术创新。

所以，这次学习，我觉得，是一次思想和技术的飞跃。我们自己的生活应该创新，更应该教给、给予孩子们创新的权利和机会！看吴正宪老师的创新教学：

妈妈上午 10:00 将车停放在地下车库，下午 2:00 离开。地下停车每小时五元，妈妈要交多少元停车费？

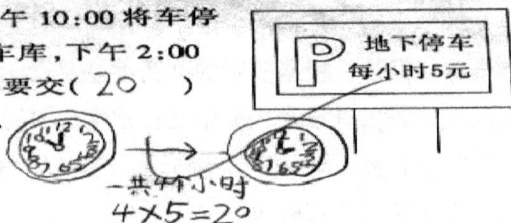

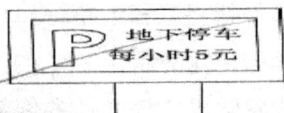

①这道题左边是文字，右边是图，是一种图文相结合的形式，这也是课改以来"应用题"呈现方式的变化。学生显然遇到障碍了，他搞不清楚上午十点到下午两点究竟应该是几个小时？他的策略是自己画了两个完整的钟表图，第一个钟表画着是 10 点，第二个钟表指针指向 14 点。他就数了数，中间隔了四个小时，$4 \times 5 = 20$（元）。

学生能够自己创造条件，再现钟表图，通过画图把问题解决。这就是一种策略水平。

② 这个学生用儿童特有的方法——累计的办法来达到解决问题的目的。先写 10 点到 11 点妈妈要交五元，11 点到 12 点妈妈还要交五元，12 点到 13 点还得交五元，13 点到 14 点再交五元，然后累计起来一共是 20 元。这种办法老师不会去教，是学生用自己的办法来解决问题的。

三、算一算，填一填。
(1) 妈妈上午 10:00 将车停放在地下车库，下午 2:00 离开，妈妈要交（ 20 ）元停车费。

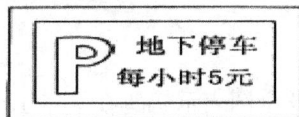

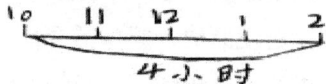

P 地下停车 每小时5元

4×5=20（元）

③ 这个学生只画了半个钟面，他考虑到上午 10 点到下午 14 点，根本不需要时针走下半面，没有下半面就不需要画了。试想：学生在生活中，他见过半个表盘的钟表吗？我估计没见过，我们也没见过，但是他就能在解决问题时画半个表盘的钟表，体现了他思维的简约性和目标的明确性。

三、算一算，填一填。
(1) 妈妈上午 10:00 将车停放在地下车库，下午 2:00 离开，妈妈要交（ 20 ）元停车费。

P 地下停车 每小时5元

10 11 12 1 2
4小时

4×5＝20（元）

④ 学生只画了一个线段，一条线段从 10 点到下午 14 点，一共 4 个小时写得很清楚。这条小线段是学生的创造，因为孩子和成人见到的钟表都是圆的，他只取了钟表的一段，呈现的是线段图。这种把曲变直的思想就是创意，这是学生在学习过程中积累的经验和能力，所以他在解决这个问题时，就会有与众

不同的策略。

三、算一算，填一填。
(1)妈妈上午10:00将车停放在地下车库，下午2:00离开，妈妈要交（20）元停车费。

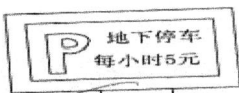

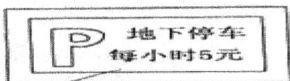

10:00～11:00＝1(小时)11:00～12:00＝（
12:00～1:00＝（小时）1:00～2:00＝1(小时)
1+1+1+1＝4(小时) 4×5＝20(元)答
妈妈要交(20)元停车费。

(2)右图中再添上（4）个小

⑤这个学生的思路是：10点到11点等于1个小时，11点到12点等于1个小时，然后12点到13点等于1个小时；然后13点到14点还是1个小时，1加1加1加1等于4小时，4×5=20（元）。

三、算一算，填一填。
(1)妈妈上午10:00将车停放在地下车库，下午2:00离开，妈妈要交（20）元停车费。

4×5＝20(元)
10:00 间gé 2:00
4小时

⑥这个图表示妈妈在上午10点，从这个车库的入口开进去，前面开着大灯，中间用汉语拼音写的间隔4小时；14点钟，由出口又把车开出来了，后面冒着尾气，没开大灯。这幅图很有意思，他把文字题还原成一幅生活画面，说明学生完全进入情景了。除此之外，我们冷静下来思考，这幅图不是我们常说的具有数学意义的图，充其量只是一幅画。但是这幅画表达了一个孩子的心态——他没有拿考试当考试、当成敌人、当成可怕的对手，而是把它当成一个朋友和它交流。

三、创新的技术更需要创新的思想。一场教育或人生的变革，首先是思想的变革。我们不难感受到，一件事，如果我们愿做、喜欢做，我们会想尽一切方法创造各种条件做好。反之，如果逆反、被动，就会停滞，就会没有效果。所以，我们应该主动去学、去改。一次学习，一次报告，我们可能学到一些行之有效的方法，但这些少之又少，更多的是要打开思维，在学习别人先进经验的基础上，开阔自己的视野，形成创新的思维，激发创新改革的动力与激情。我们一线的教师，外出学习的机会很少，长期的学校教学拘囿了我们的思维，让人变得保守、封闭，一次会议，最重要的是打开我们的思想、思维，使我们不再眼光短浅，闭门造车，给我们的思想和视野一次洗礼，带来匐然中开启迪。

学无止境，但愿学习能伴我终身，但愿创新能给我的生活带来快捷，给我时间，还我思维，守住我们的田野……

反刍着未来的希望

老师，请放下你的尊严

"报告！"上课近十分钟了，李超气喘吁吁地跑进教室。

"请站到门口！"我斜了一眼站在教室门口的李超，气不打一处来。李超又迟到了，这个孩子实在令人费心。

李超这学生，上课坐不住，一会儿文具掉在地上，一会儿趴在课桌上睡觉，下课满楼道疯跑，自习时间多次大声喧哗，令我伤透了脑筋。开学初因为打架被学校通报批评，这两天又有些"翘尾巴"，昨天还打碎了一块玻璃，好在"男子汉做错事敢作敢当"，自己很快去玻璃店割来换上，我也就没再批评他，也算是给他一个机会。但这次又迟到了，而且是在我这个班主任的课上，我实在忍无可忍。

"老师，我——"

"先不要解释，请站到门口去，别耽误我上课！"我容不得他解释，气愤地说。其他的学生也都坐直了腰板，胆怯地看着事态的发展。

李超终于委屈地站到门边。

我怀着气愤的心情上完那堂课。我感觉那节课的效果特别差，我没有正常发挥，学生也只是怯生生地坐在那里，一点也不像平日里配合得那么默契。

终于下课了，我打算将李超带到办公室，给他一场暴风骤雨。这几天我早就想找个切入点"修理修理"这匹狂傲不羁的野马，我要老账新账一起跟他算，甚至产生了通知家长领回家反思的想法。

我带着李超来到办公室，初三（2）班的班主任早已坐在我的办公桌前。

"你们班有一位叫李超的同学？" 坏了，肯定又是来告状的。我转身指了指身后的李超："喏，就是他，又做了什么错事，实在不好意思，又给您添麻烦了。"我忙不迭地先道歉。

"你应该表扬表扬他，"初三（2）班班主任说，"刚才上课前，我从后勤搬了张桌子上五楼，他看见了，连厕所都没来得及上，主动帮我把桌子搬上了五楼，我还没来得及谢他，他就跑了，这不，连学生证掉了都不知道，给——"

我愕然了，我不知道该如何面对李超，我的脸颊很热。"你……你先回去！"我嗫嚅着对李超说。

李超走后，我深深地反思：李超自从那次被学校通报批评后，不是已经转变了很多吗？运动会上，他带病参加 400 米短跑和跳高，夺得了两个第一，为班级总分第一立下了汗马功劳；昨天的玻璃，也是因为其他同学推撞他而损坏的，他没有去埋怨牵连其他同学，自己主动花钱割来换上；今天的迟到也是因为帮老师搬桌子，而且不留姓名，我连解释的机会也没给他，就让他站在门口一节课……当然，他品行上仍然存在某些不足，但与原来相比，不是已经进步多了吗？我应该抓住这难得的闪光点，可不幸的是我不小心把它给扼杀了。对像李超这样正在转变的孩子，更应该小心地加以呵护，而容不得半点的疏忽和大意。

下午，我先找李超表达了我诚挚的歉意，又向全班同学解释了李超迟到的原因，并表扬了李超助人为乐的精神，全班响起了热烈的掌声，李超和我都流下了感动的热泪。

老师们，当我们要惩罚一个学生的时候，千万要询问清楚原因，不可贸然行事，放下你的尊严，走入学生的内心。不要戴着有色眼镜看学生，他们是正处于发展过程中的个体，每个学生都具有自己的闪光点，要知道，"在你的教鞭下有瓦特，在你的冷眼里有牛顿，在你的讥笑中有爱迪生"。付出一份爱心，我们收获的将是一片希望。

长在讲台上的黑板擦

我们班的黑板擦坏了，从中间裂了一道缝。本来打算去后勤换一个新的，一直忙于应付检查和月考，没来得及换。

今天上课，我刚在黑板上写了几个字，其中出现了一个错别字，我习惯性地拿黑板擦打算把它擦掉重写。可是，我发现那裂了一道缝的黑板擦竟牢牢地"长"在了讲台上，与讲台成了不可分割的一个整体。旁边的垃圾桶里，俨然躺着一个"101"黏合剂的塑料瓶。

"是谁搞的恶作剧？"我气愤地说。

同学们也面面相觑，窃窃私语，不知发生了什么事。

"谁把黑板擦粘到讲台上了？"我再次提高了声音询问。

唉，这两个班的学生，家庭富裕，思维活跃，什么心眼都有，鬼点子比老师还多。去年我搞了一次无记名检举不遵守晚休纪律的同学，他们居然每个人都写自己的名字交上，气得我连续好几天没睡好，思考如何对付这群狂傲不羁的野马。

上次是针对一个群体，而这次一定是个体行为，我一定要查个水落石出。我指着粘在讲台上拿不下来的黑板擦："这到底是谁干的好事？既然做了，就要敢作敢当！"

忽然，从教室中间站起来品学兼优的学习委员："我——"她怯生生地说。

我简直不敢相信自己的眼睛和耳朵，课堂调控应变能力极强的我此时只有愕然，不知道这火该如何发下去。

"真让我失望！"我扔下这句话，回转身用手掌将黑板上那写错的字擦去，可怎么也擦不干净。这也许预示着我这次的做法将在我的、在学习委员的、在全班同学的心灵上留下永久的阴影与污浊。

一天后，我的办公桌上放了一封没有署名的信："老师，黑板擦的事是你错了，那天学习委员看到我们班的黑板擦中间裂了缝，使用不方便，下午放学时她擦完黑板后，就用自己买来的'101'黏合剂打算把它粘好，又怕放在不平整的地方粘不牢，所以她把黑板擦粘好后放在讲台最平整的地方，两旁还用粉笔盒挤靠着，可没想到溢出的黏合剂竟将黑板擦粘在了讲桌上……"我又一次愕然了，看着这娟秀的字，我知道肯定是与学习委员一起干这件事的同学，多么细心啊，我怎么就没想到这一点呢？学习委员的初衷是好的，只不过黑板擦粘到了讲台上。如果黑板擦粘好后没有粘在讲台上，我能发现吗？我能发现那颗热爱集体的心吗？我也会像这次批评那样大张旗鼓地表扬她吗？相反，她不仅没有得到表扬，反而挨了一顿冷眼、批评，也许她做这件事压根就不是为了图表扬，只是出于本能，出于对这个班集体的热爱，出于一种勤俭节约的心灵……她并不是搞恶作剧，也不能算弄巧成拙，只能说不小心，甚至连不小心也谈不上。我自己不也经常在无意中犯错吗？比如那天在黑板上写的那个错别字……

我马上起身找到学习委员，真诚地向她道歉并做了解释，然后我向全班同学做了解释说明。虽然我向同学们做了解释，但这块污渍、这抹阴影也许永远留在我的、学习委员的、同学们的心上，以后再遇到类似的事情，他们会怎么做呢？

黑板擦至今还粘在讲台的中央，它时时在擦着我的眼睛，我的心灵……

孩子，不是我心狠（外一篇）

女儿，你去实践基地之前，爸爸没有去送你，连个背影也没给你留下，你是不是觉得爸爸心狠？爸爸有自己的教育想法，真的想让你早日自立自强，早日独立。爸爸从自身的成长发展中感受到自立自强非常重要。所以，爸爸内心虽然很舍不得你，但还是毅然决然、干脆利落地不去送你。

你走后，冷子月的爸爸，你冷叔叔曾约我要在晚上去看望，我也担心你，我何尝不想你，但我还是"色厉内荏""外强中干"地说："不去，就是要通过这种方式让她变得独立！"

你走后，林阳的爸爸也曾对我说起对你们的担心，担心睡上铺晚上会摔下来，担心吃不好，我还是"心软嘴硬"地说："不要管，就给他们锻炼的机会！"

你走后，当天晚上，你妈妈发现你没带水杯，我们担心得不得了，你妈妈给你发短信，过会儿你回了一句："睡觉了。"妈妈埋怨你："小东西，一点也不知道想家。"我从内心里感觉，女儿长大了，能够自立了，我想听到你的声音，又希望你不要哭着打电话向我们诉苦，有老师在，我希望你有困难找你的老师或者自己解决，毕竟父母不能跟着你一辈子，而独立的能力就是在平日的这些小事中培养起来的。早晨五点多钟，你又发来短信，说："买了瓶饮料，然后用瓶子喝水。"一种欣慰油然而生，我感觉到我的女儿长大了，会自己处理一些问题了。

今天已经是你去实践基地第四天了，我没给你发一个短信，也没给你打过一个电话，更没向带队老师询问你的消息；你也没给爸爸发一个短信，打一个电话，可能你觉得爸爸心狠。我有我的初衷和良苦用心，希望你能理解爸爸。昨天你刘阿姨打来电话说你吃得很好，我也放心了。

还记得你上小学一年级还是幼儿园大班时，我们让你去大姨家送青玉米，羸弱的你拎着几个青玉米歪着身子走向你大姨家，你走了那么长的路，不时左右手交换着手中装着青玉米的塑料袋，来到你大姨家楼下，摁了好几次门铃，退后几步看看上面的窗子，你大姨不在家，你又拎着对你来说沉重得极不相称的装着玉米的袋子回家，你知道吗？我一直躲在墙角，暗地里跟着你，不让你看见，是既担心你，想暗中保护你，又想早日培养你的独立能力。

女儿，每次我们一起出门散步，你常常故意让我的手牵着你妈妈的手，我知道，你内心里想让我也牵着你的手；有时，你也牵着我的手，但是，我总是不让你牵，我有我的想法，就是逐步培养你的独立能力。舒乙在回忆父亲小时候对自己的教育时说，父亲总是背着手走在自己的前面，给他一个大大的背影。可是，我总是让你走在我的前面，这样，路的平坦与坎坷，你自己去尝试；遇见熟人，你先打招呼，不用我们提示你："快问'阿姨好'。""快问'叔叔好'。"不是爸爸不爱你，不是爸爸心狠，我就是想让你自立自强，尽快适应社会。

还记得吗，去年暑假，我让你去训练乒乓球，一是训练你的意志，锻炼你的身体，更重要的是培养你的能力。前几天我们送你，接你，后来我们以借口不再送你，让你自己去，自己回家，我和你妈妈不担心吗？要坐十多分钟的公交车，下车后还要过好几个路口，又靠近火车站，公交车上人又多，我真担心你的安全，但是，你还是挺过来了。记得你说，8 路公交车因人多在你等车的站点没停，你步行五六里路走到友谊商店站点坐 5 路车回家，而且有一次还多坐了一站，又冒着酷暑走回来。每次我都长长地舒了口气，我也感觉到女儿在我有意无意设置的一些困难中逐渐长大。

生活中的一些困难，也锤炼着你的学习能力。上初中后，爸爸几乎没管你的学习，但是连续两次的大型考试，你的成绩都很优异，在爸爸的意料之外，又在爸爸的意料之中，爸爸感到很欣慰，很光荣，也很幸福。

女儿，你知道吗？爸爸在这里敲击键盘写这篇文章的时候，心里特别想你，内心酸酸的，强抑着眼里的泪水不让它溢出，但我还是不能给你打电话、发短信，我要让你早日独立，变得坚强。

上课的钟声又要响起了，爸爸该去上课了。我知道女儿会理解爸爸，理解爸爸的良苦用心，不是爸爸心狠，是爸爸想让你早日成人，毕竟你不能永远生活在父母的羽翼下……

外一篇

我亲爱的学生们，由于高考和中考占用你们的教室作考场，你们放假了，满怀着对母校、对老师的依恋，来看望母校、看望老师。可是，因为学校规定，因为众所周知的校园暴力事件，我没能把你们领进校门，老师心里有一丝愧疚。

　　和你们聊了一会儿后，李欣遥让我回头给你们一个飞吻，我知道这是你们九零后的行为，我没有满足你们的愿望，我抱着你们送我的鲜花，给了你们一个坚毅的背影，头也没敢回。孩子们，不是我心狠，那时，我的眼里贮满了泪水，我怕给你们留下我的柔弱，带给你们依恋。孩子们，你们早晚要走出去，走出我的荫蔽。当你们向我倾诉你们现在的语文老师时，我感觉到我是失败的，不要老拿我的优点和你们现在老师的缺点相比，过去的就让它过去，毕竟你们以后的路还长。

　　回办公室后，你们给我发短信、打电话，我知道，你们想见我，并约我中午一起吃饭，我很幸福，很满足，毕竟一年的时间，我收获了你们这群年轻人的心。但是我不能答应你们。孩子们，不是我心狠，老师有老师的初衷和想法，老师就是想让你们和我的女儿一样，早日独立，走出去，去认识更多的人，结交更多的朋友，这样，你们的人生之路才会更宽、更远。

　　孩子们，不要怨我心狠，心狠的外壳下，我有一颗柔软的心，有一颗对你们充满着深厚希望的心——期盼着你们成才，期盼着你们长大！

湿了考卷检验了道德

　　打开办公室的门，眼前一片汪洋——坏了，昨天下午放学时停水，水龙头忘关，晚上来水，"水漫金山"了。我赶紧关上水龙头，找来拖把往外拖水。

　　坏了，本来说今天上课考试的语文第一单元试卷因为放在地板上，也全被水浸透了。于是，赶紧抱出放在室外向阳的窗台上，打算晒干再让学生们做。看来今天的考试是不能进行了。

　　好在昨天提前备课，今天还有东西可上。

　　"同学们，对不起，这一节课我们不考试了，因为语文试卷昨天晚上全浸湿了，没法考了。"我向学生们道歉。

　　"耶——"学生们一片欢呼，中间甚至还夹杂着个别学生的喊声："真高兴！"

　　我的心一阵抽搐，脑子里迅速地反思：

　　首先，可见我们的孩子是多么不愿意考试，谈考试色变。是啊，我们的一生要经历多少次考试啊，我们的人才就是这样在一次又一次的"大考""小考"中考出来的，他们对考试深恶痛绝，所以，不自觉地发出那样的呼喊。

　　其次，我看到了孩子们灰暗的心灵。试卷湿了，不是感到痛心，而是幸灾乐祸、袖手旁观，甚至感到高兴。我想到了鲁迅写的《藤野先生》一文中那群麻木的中国人——日本人枪毙我们的同胞，居然围看欢呼。我想：如果我们的国家或他人发生灾难，他们会怎样呢？会不会也是"耶——""真高兴"呢？既然对他人对社会没有爱心，我们培养人才干什么？看到这一幕，我感到很痛心。

沉思片刻，于是，我联系前几天无私送书的阿姨、李晓老师与同学们一起为中国母亲基金会捐款、汶川地震时全国的捐款事件……不失时机地向同学们讲解、强调：人，应该有一颗爱心！当别人发生灾难、遇到困难时，我们应该伸出援助之手，而不能幸灾乐祸、袖手旁观。我动感情地慷慨陈词，同学们都静静地低头听着，我不知道他们是不是听进了心里。

自我反省一下：

我们的教育如果只是培养高分低能的两脚书橱，我们的民族就不会有希望。我们的教师一定不能两眼只盯着分数而忽视了学生的素质培养。

一次"水漫金山"淹了试卷，却检验了学生的道德，为我的教学又指明了一个新的方向——那就是：要把学生的思想品德教育放在首位，千千万万不能给国家教出"危险品"来！

每日一歌

进入初中以来，孩子们变得越来越羞赧，课堂上不愿回答问题，在众目睽睽的场合就会紧张，不敢说话。

学校举行了一次才艺大赛，结果报名者寥寥。

我在初中及师范时期，也深受其苦，至今在公共场合说话还紧张，必须照稿讲话。

我们中国教育环境下的很多孩子，以高分进入大学后，给予他们娱乐的时间，我们的时代骄子们却不会娱乐。很多孩子迷失自我，只是沉湎于网络等消极的娱乐方式，荒废学业。

……

为了锻炼孩子们，改变孩子们羞涩、放不开的现状，我决定在每天上午和下午第一节课上课之前，开展"每日一歌"活动——学生站在讲台前，为全班同学唱一首熟悉的歌。

起初，很多学生在讲台前很紧张，有的只唱两三句就卡壳了，有的只会唱音乐课本上学过的简单的歌曲，有的同学严重跑调……于是，我告诉同学们：机会难得，一个学期只有一到两次的机会，我们应该珍惜这次绝佳的锻炼机会，"凡事预则立，不预则废"，我们可以提前做好准备。

第二天，果然高同学给大家带来一首熟练的英文歌曲，赢得同学们热烈的掌声。

一个学期下来，每个同学都站在讲台上为同学们唱了一首歌，虽然有优有劣，但是每一个同学都得到了锻炼，他们课下的精神状态愉悦了，课堂上回答问题的增多了，气氛活跃了。同学之间、师生之间关系融洽了。

又一个学期到来，我将"每日一歌"的内涵扩大，可以讲故事、演讲、朗诵，也可以同学之间像旭日阳刚、黑鸭子合唱团那样组合演一小节目，同学们在之前锻炼的基础上，兴趣更浓，逐渐放得开、收得拢，班级得到了健康、和谐、快乐的发展。

教育，就是要培养敢说敢做、敢冲敢闯、文明得体的"绅士""淑女"，而不是培养只会考高分的"两脚书橱"。

一场现实版的思想品德考试

3月5日，一个非常特殊的日子——毛泽东曾题词：向雷锋同志学习！于是，这个日子成为全国学雷锋做好事的纪念日，许多单位和个人都要在这个特殊的日子想方设法寻找学习雷锋的契机来做好事，电视报刊也充斥着某某单位到敬老院孝敬老人、到公共场所清理城市牛皮癣等学雷锋做好事的事迹。

就是在这个特殊的日子里，在我的语文课上，凯炎同学如"好雨知时节"，应时为我出了一道现实版的思想品德试题。

《土地的誓言》这篇课文的教学正在有序地进行中，忽然，凯炎同学"哇"的一声，吐了一地，他自己的凳子、课桌、衣服前襟上全是呕吐物，教室内散发着难闻的酸臭气。

此时，考试正式拉开序幕——

只见一个个从现代文明建造的钢筋混凝土建筑中走出来、接受了七年文明熏陶的"皇帝""公主"们一片哗然，面面相觑，有的捂鼻子，有的转身子，有的开窗子，有的发出唏嘘声，有的用衣服遮盖起头脸……

我停止了讲课，让凯炎去办公室喝水漱口清理一下衣服上的脏物，并从心底里发出一声呐喊、用眼睛告诉同学们："学雷锋的机会就在眼前——"

可是，整个教室 59 个同学却无动于衷，根本听不见我的心声、不理解我的眼神，仍嘻嘻喳喳捂着鼻子、侧着脑袋唏嘘着，也不听课，甚至连凯炎的同桌都趴在满是呕吐物的桌子上，无动于衷。

漂亮的女班长站起来了，我心中窃喜——看来作为班长，素质就是比普通同学高一层次。

但是，令我失望的是，班长站起来也只是把窗户开得大一点而已，然后又坐回自己的座位。

整个教室仍弥漫着呕吐物散发出的酸臭味。

无明业火一下子从我胸中涌了上来："你们不能帮他打扫一下吗？我亲爱的同学们？"

所有人仍然无动于衷……可能这是中国人的通病，谁也不愿出头，甘做平庸之辈，你要求集体去做等于没要求。

我走下讲台朝凯炎的座位走去，对他的同桌说："你能不能帮他打扫一下？"

"没有铁簸箕！"同桌回答。

"办公室有！"我厉声说。

在我用废纸擦着桌子上呕吐物的过程中，凯炎的同桌从办公室拿来铁簸箕，我们一起把脏物弄进铁簸箕送出教室。

教室内的酸臭味减轻了许多。

在我和其同桌清理的过程中，有的同学在读课文，有的忙着做老师即将布置的晚上的作业，有的在谈笑，有的像看热闹一样看着我们俩收拾残局……

我的心彻底冷了，这是发生在文化最先进、礼仪最文明的校园课堂上最悲心的一幕，难怪社会上会发生小悦悦事件。我在反思：我们的教育怎么了？国家和时代要求我们培养高素质的社会主义事业的建设者和接班人，这样的素质将来会怎样建设和接班？我们再也不能两眼只盯着分数而忽视素质的培养，我们再也不能只培养"两脚书橱"的"奴隶"而忽视了"人性"的培养，真的需要把"笔直做人、纵横求知"落到实处了。立德树人，刻不容缓。

2012 年 3 月 5 日，七年级 12 班一场现实版的思想品德考试，它的语文老师和它的学生们，全考了"零"分！

"她偷了我的笔"

刚看完学生的日记，立欣同学的日记引起了我的注意：

坐在我前面的晓燕偷了我的笔。前几天我就经常丢笔，于是，我在我的笔上做了记号，今天上体育课回来，竟然又丢了一支，而晓燕请假没上体育课一直待在教室。课间，我趁她不注意，拿起了她桌上的那支笔，我发现，竟然是我做了记号的那支。

晓燕是小偷！

老师，我经常丢笔，你帮我处理一下这件事吧，我不能再丢笔了，我很烦恼！

我意识到班级管理出了问题，也意识到立欣和晓燕之间因为"丢笔"产生了矛盾。我从心底觉得这不是什么大事，又忙于迎接市局业务检查，白天没来得及处理。晚上，立欣又两次发了同样的短信，可能想让我意识到问题的严重性，意识到这件事对她多么重要。

两位同学我都了解：晓燕来自农村，家庭生活不是很富裕，平时穿衣也有些脏、旧，但班级事务比较积极，成绩良好，喜欢和老师接触、交流，比较幼稚，大小的事都喜欢问老师；立欣学习成绩不好，但品质还不错，是一个依赖性比较强的孩子，很多同学、师生之间的琐事都要告诉父母让父母帮助解决。

学生们刚刚初一，正处于成长的发展变化期，犯错误也是难免的。我打算借这个机会培养孩子自己处理问题的能力，锻炼他们自立自理的生存能力。

于是，我给立欣回短信：

"一个人的名声可能比一支笔更珍贵。老师直接找晓燕谈话，可能会给她造成终生的心灵阴影。你能不能自己想一个巧妙的方法、既不伤害同学、又能圆满解决问题？希望这件事能成为老师、你和晓燕三人间的一个永恒的秘密，也希望这件事成为你成长成熟的一个契机。"

第三天，立欣在走廊里悄悄告诉我：

"老师，那件事我处理好了！"

我没具体问她是怎么处理的，只是会意地点点头。我看见两个孩子的脸上都挂着微笑。

作为一名教师，我们应该前瞻性地看孩子，为孩子的终生发展负责。如果因为此事我找晓燕，就可能让晓燕觉得，老师会认为她是小偷，给她造成终生的心理负担，可能她从此就会封闭自己的心灵，留下成长的遗憾！同时，我们应该抓住一切教育契机给孩子锻炼成长的机会，培养他们自理自立的生存能力，让他们逐渐成熟、慢慢长大。

我 歌 故 我 在

下编

眷恋着美丽的故乡

车窗里的风景

当轰鸣的马达载着我离开这片写着太阳温情的热土，带着海的气息的空气也渐渐远离了我，我缄默了嘴，收回了心情，把脸贴在玻璃上，把记忆装裱进汽车的车窗，思念随流动的风景迅速流淌——

引擎拽着如水的风景，狠狠地撕扯着它们，仿佛担心它们跟不上汽车的速度。整个世界的绿就徜徉在这透明的车窗里——低的，是农民的庄稼；稍高的，是摩天的白杨；再高一点，稍远，氤氲在乳白色雾气中的，是朦胧的山。大自然就用这种青翠的绿感激着这个季节里日与雨的呵护与厚爱。偶尔闪过几方"明镜"般的水塘，臃肿的身上倒映着绿树、青山的倒影，几只水鸭倏地钻进水里，使一潭的绿树、青山变得柔软起来，一漾一漾的，直到碰着遮盖了"刘海"的岸。

在这流淌的绿里，点缀着几抹红瓦白墙的房屋，那是农人的家，颈上缠着炊烟，在薄雨中静静地睡着，一副恬淡、悠闲的神态。一间牵着一间，一座挨着一座，间或被绿树打断，组成了一个个世代生息的村庄——如祖先结绳记事的"结"，一个一个缀在黑色的、如绳的柏油路上，记录着这个星球中部落的分布，那么朴实、自然、安详、原生态……

距离在车轮的碾压下伸展着悠长，绵延的柏油路仿佛一幕黑色的绸缎，摇曳着我拘囿了许久的心。偶尔闪过几间土屋排列的村庄，村口站着一位披蓑戴笠的农民，牵着一头耕牛，耕牛默默地啃着路沿石边的青草，旁边跳跃着一只雪白的羊儿，为这个在细雨中静默的世界增添了一抹快乐的音符。他们三个生灵，在细雨中彳亍而行，犹如和谐的一家三口。当汽车驶过时，农民躲闪着多日的细雨积攒在路上被疾驶的汽车溅起的水花，混浊的眼里贮满了虔敬与艳羡，一如我生活在农村的父母，虔诚地看着汽车驶过。也许，他的儿女就在某一辆疾驶而过的车上，车子也许会随时停下来，随着一声"爸爸"，他的儿女会从车门中走出，拎着鼓鼓的旅行包……道旁毛白杨的每一片小叶，在温情的细雨下，闪烁着我的眼睛和视线，那久违的尘封的散漫心情随雨滴自由地折射、飞翔。我不知道是飞向心仪的北方，还是飞回那温馨的海滨，抑或我思恋的故乡……没有目标的飞翔是一种自由的向往，我只想把心和身长久地装在行驶的车上，长久……

这一路的风景就现实地写在这扇紧贴着我脸颊的车窗里，随着我的思念和向往一起颠簸、流淌……思维，也如一帧帧美丽的风景，在记忆的车窗里飞快地流淌。我不知道，这轰轰作响的马达是否因我思维的沉重而在歇斯底里地吼叫，我只感觉我的心很沉，沉到车轮下那沙沙的声音之后。我的思维伴随着醉人的汽油味，似乎也在挣脱这沉重的束缚，像车窗里的风景想要挣脱车窗的束缚一样……

（此文发表在《日照广播电视报》上）

朝觐故土

我是农民的儿子，我是土地的孩子，我挚爱生我养我的故土。

又是岁末年首，历经了一年的漂泊流浪，我拖着一身疲惫与收获，再次走进我的故乡——那个写满朴实的小山村。

柏油路在车轮下延伸，道旁树迅速向后跑去，我的心早已飞出车窗，登上前面的山头，眺望故乡的身影……故乡，犹如一位身着蓝色大襟棉袄的老嬷嬷，终于走进了我的视野。

故乡娴静得如一位母亲，收敛了春的妩媚、夏的炽热和秋的忙碌，静静地躺在那青山绿水之间，用她的朴素和热情，在这个温暖的冬季养息着她的子民。袅袅的炊烟缠绕着她的脖颈，她的额上写着安详；乳白色的晨雾蒸腾着这块肥沃的土地，润泽着这古朴的小村；村头的古井旁，仍站立着那架缠着绳索的辘轳，井台上刻满历史的累累伤痕；大街旁的房檐墙下，站满悠闲、穿着朴素的父老乡亲，他们嘴里的卷烟和旁边拴在树上的耕牛在阳光下散发着故乡的味道；篱笆墙围成的院落，泥墙上挂着一串串红辣椒、白蒜瓣，如迎接新娘的鞭炮，迎接着我这个远道而归的游子，石磨旁"汪汪"的狗吠、"喔喔"的鸡鸣，诉说着对我的熟悉和陌生；村前的小河仍牵着小村的手，河畔的杨柳，伐了又栽，栽了又伐，遗留下的那一个个树墩，刻着我离家的年轮；对面的小山坡也被历史的沧桑刻满深深的皱纹，山顶上浓密的柏树林中，还睡着我的祖母，睡着我已化作黄土的先人。每年大年三十的午后，孝顺的儿孙们会捐着装满纸钱和供品的礼盒或竹篮，来到先辈的坟茔前，点燃纸钱、放响鞭炮，祭奠已逝的亲人……故乡啊，您的孩子回来了，回来看您！

大年初一的早晨，给同族的长辈拜完年，伴着噼啪的鞭炮声，我随着父老乡亲一起来到村头的"土地庙"，烧上几张黄纸，放响一串鞭炮，双膝跪下，用我的额头虔敬地叩下我的忏悔和沉重。我是故土的背叛者，我是钢筋混凝土筑就的现代文明建筑群中的一个流浪者。故土啊，您是我的根啊！是您哺育了我的童年，把我抚养长大成人；如今，我走出了您的视野；百年之后，我又将回归您宽厚的怀抱，化作您深厚黄土中的一粒！

短暂的假期转瞬即逝，我又要离开您——我的故土。轻轻的，我不忍心打碎你的平静，伴着飘飞的细雨，我在村头掬一把带着你体香的黄土，悄悄放入我的行囊。我要把它分成两撮，一撮揣在上衣的衣兜里，让它永远感受我的心跳，揣着你，我感到一种力量，一种后劲；一撮放在我的枕下，让我在异乡睡得舒心安宁，枕着你，我感到踏实，感到安慰。时时抚摸你，犹如躺在母亲宽厚的胸膛，感受到母亲的温暖与叮咛。

暂别了，我的故乡，汽车的引擎牵着我逐渐走出你的视线，我已看不见送行的父母亲人，看不见那红瓦灰墙的庭院，看不见矗立村头的大杨树，看不见那躺着我的先人的小山冈……

暂别了，我的故乡，我还会回来看您……

（此文发表在《黄海晨刊》2007 年 2 月 3 日第 11 版）

又是一年粽飘香

一层层、一摞摞散发着浓郁清香的粽叶又摆满了农贸市场、城镇菜市场的地摊，甚至大型商场的货架，她告诉我，端午节又一次悄悄走近我们忙碌的生活了。

这洋溢着馨香的片片柞树叶或芦苇叶，又牵出了我浓浓的情思——

儿时的记忆中，过年，盼着吃猪肉；中秋，盼着吃月饼；而端午，则盼着吃粽子。

吃粽子，据说是为了纪念伟大的爱国诗人屈原，相传靠近海边或南方靠近大江大河的地方，端午节要将粽子抛到海里或江里，为了不让鱼儿伤害屈原的身体。而在我所居住的小山村，没有这种抛粽子的习俗，粽子，却成了联结亲情的纽带。

懵懂儿时，母亲不管多么忙，端午节来临前一周左右，都要到集市上买来糯米、红枣，准备为孩子们包粽子。芦苇粽叶是母亲自己亲自跑到一个离村庄五六里的叫野牛沟的地方采来的，因为靠近村庄的芦苇荡的粽叶早就被乡人们采光了，野牛沟的粽叶大、味浓。

晌午，母亲和几个婶婶大娘一起去，在闷热的苇塘中忙活一两个小时，冒着被水蛇咬伤、被镰刀般的芦苇叶划伤、被往年割过遗留在水底的苇茬刺伤的危险，噼里啪啦，采了满满一大竹篮青翠欲滴、又大又宽、飘着清香的粽叶，然后走出苇塘，找看苇塘的老人称一称，交了钱，母亲和婶婶大娘们便像凯旋的战士一样回来了。

那天中午，我也会克服午困，眼巴巴地坐在门口等母亲回来。看见母亲，我会飞快地跑上去，接过母亲臂弯上盛满粽叶的篮子，而母亲的胳膊上，早已被苇叶划出一道道血痕和一片片红红的痱子。回到院里，母亲将粽叶摘选拣择，浸在水盆里。

等到农历五月初四早上，母亲便淘好并泡上糯米。我们则眼巴巴地看着泡着粽叶和糯米的盆，希望它们尽快变成飘香的粽子。中午饭碗刚放下，母亲已顾不上刷碗，放弃一切活计，端过米盆和粽叶盆，坐在大门檐下，一片片理齐粽叶，将一把糯米、几颗红枣和着自己对亲人的爱包进粽叶，折成三角。每次，我都会坐在盆边包小粽子帮倒忙，母亲也不会过分呵斥我。有时，邻居婶婶大娘们也会聚在一起包，边说边笑，相互比着赛着，嘻嘻哈哈就是一台"包粽戏"。

不多时辰，一大盆苇叶三角粽就包好了，馋得我们对着盆中一个个胖嘟嘟的粽子流口水。

粽子需要煮一晚上。下午父亲就劈好了柴火，插满一锅底，将粽子放入锅内，顺便还放几个鸡蛋，倒上水，盖上锅盖，把我们对粽子的馋欲也盖进锅里。

红红的火舌舔着锅底，我们眼巴巴地看着锅里冒出的袅袅蒸汽，希望早些享这口福，可是，等我们已呵欠连天的时候，粽子还没煮熟，我们无望地睡在锅台前，被父母抱到床上。第二天，天还蒙蒙亮，父母便叫醒我们，一盆热乎乎的粽子摆在桌子上，我们迫不及待地抓起两个粽子和两个鸡蛋来到村口的野麻地，据说端午节在这里吃粽子和鸡蛋可以避邪，长得高，长得快，我的许多伙伴也先后陆续来到这里，比着谁家的粽子好吃，鸡蛋好吃。

在野麻地里吃完粽子回家，通常母亲已把稀饭盛上，还来不及吃，母亲总是让我送几个粽子和鸡蛋给爷爷奶奶，等回来，稀饭已经稍凉，一口喝下，又在母亲的催促下，带上粽子、鸡蛋、红糖等给十里外的姥姥、姥爷送去。父亲母亲因为忙于农活没时间，只能我去。实际上，最后留在家里自己吃的粽子已经寥寥无几，这更勾起我们对粽子的喜爱、珍惜，有时会偷偷藏起几个，等第二天吃。小小的粽子，虽然不值几个钱，但那时，却牵起了姥姥、姥爷、爷爷、奶奶、父亲、母亲和我们儿孙辈们之间的爱。

如今，我已成家立业，每到端午节，亲戚朋友仍然送上那么几捆芦苇叶三角、柞树叶枕形的粽子，吃着它们，心中仍能感受到那浓浓的亲人之爱。

平日早市上、商场内也有包好煮好的粽子，但总吃不出那份亲情。遗憾的是，现在的年轻一代，自己包粽子的越来越少，即使在端午节时，也是到商场买几个粽子走走过场就算过了端午节，早已经淡了那份亲情。

又是一年粽飘香！飘香的粽子，勾起我浓浓的乡情和亲情。

（此文发表在《语文导报》2010 年 5 月 20 日第 13 版）

故乡听蝉

"过门无马迹，满堂是蝉鸣"，当六月的麦黄刚被装进胀鼓的粮袋，当布谷鸟还在吟唱晚春时，蝉声早已悄悄弹响我久违的心情……

离开故乡来到这座滨海小城并不久远，偶尔在小区广场供观赏的"珍稀"树木上也能听到蝉鸣，但终究是找不到故乡听蝉的那种感觉……

小城的蝉鸣，是曲高和寡的单调独唱，是摆在广场的稀有装饰。一声蝉鸣，会引得大群皮肤细嫩、穿着洁白的 T 恤、戴着太阳帽的城市骄子们纷纷驻足，他们仰着天真的小脸、眨着聪黠的眼睛、眸子里深含艳羡。性急的几个，听到这陌生的蝉声，早已急切地跑上楼去，哭嚷着让父母给找捉蝉的工具。当父母从地下室翻天覆地地找出一根"珍贵"的竹竿，绑上一个塑料袋准备捕捉那小区广场上唯一一只夏之精灵时，这精灵早已在众多孩子的遗憾声里和失望的眼神中飞得无影无踪了。

在故乡，蝉绝对不会变得如此珍贵、娇惯，它多得像河床上的卵石、山岭上的红苕，不必用心听，漫山遍野的果园里、河沿沟畔的树林里的蝉声早已"如雷贯耳"，一浪高过一浪，那热闹的场景，也许是蝉们在开音乐会吧？正午，偶尔会有一群脊梁上、肚皮上还粘满黑色淤泥的儿童，拿着长竿，竿头缠一块自己亲口用新鲜麦粒咀嚼的"粘胶"，冒着烈日，仰着希望，一个一个熟练地从树干、枝梢上"捡拾"那"吱吱"响的黑色精灵，一会儿便收获一大串响个不停的"夏天"。故乡的孩子是不稀罕那已上树的"老了"的蝉的，他们钟爱的是傍晚在河边树林的地上寻蝉猴，眼睛在地上、树干上逡巡着，有的甚至拿来一把小铁锹，在树根下挖着、抠着，那份快乐不仅仅是捉到了几只蝉猴，只那天真的笑声、无邪的童音就撼动得整个林子"哗啦啦"地响个不停。晚上归来，总会有半塑料袋、几十只甚至上百只的收获，当晚便会换来一个学期的练习本钱，或在第二天早上的餐桌上，多了一盘令人垂涎的"金蝉"。每次七月回乡，我都没少享这伟大的口福的，每天下午都要带着女儿去"逡巡"一翻，邻居的孩子也慷慨地把他们的收获送给我这位"城里的大伯"。现在城里也有卖"蝉猴"的，二十元左右一斤，但吃起来总没有那种感觉。

"暗淡了刀光剑影，远去了古角铮鸣。"在父老乡亲们司空听惯的蝉声里，我却听出了"禅"音——古人认为蝉是高尚人格的象征，它栖居高枝而不衔草筑巢，弃秽饮露而不以粱粟为食，高标孤处，无求少欲。是呀，蝉自从挣脱蝉蜕的束缚后，就一直站高枝饮露水，我们又何尝不需经过人生的历练后才能看到生命的彩虹呢？

蝉声，使我捡回了些许失落，疏远了喧嚣的世俗，悟出了一份真谛……

（此文发表在《日照广播电视报》2005 年 8 月 3 日 A9 版）

夏季话蝉

又值流火的七月，蝉鸣已敲击起我们的耳鼓，蝉又走进我们的生活。那么，你对蝉了解多少呢？

蝉，学名叫蚱蝉，俗名叫知了、"姐留"（谐音）等，昆虫纲，同翅目，蝉科，类型多样，是昆虫纲里面有名的"歌唱家"。"过门无马迹，满堂是蝉鸣"，夏至一到，幽静的树林里往往鸣声一片，这就是蝉鸣。其实我们听到的鸣叫是雄蝉发出的，雌蝉是天生的"哑巴"。雄蝉腹部第一节两侧有两片有弹性的薄膜，它与体内声肌相连，外遮盖板，形成"共鸣箱"。在鸣叫时依靠声肌牵拉薄膜，震动空气并产生共鸣，发出声音。雄蝉鸣叫是求偶的呼唤，雌蝉听到雄蝉的鸣声，便飞去与雄蝉"约会"。

雌蝉受精后不久便选择树枝产卵，一只雌蝉一生能产三四百粒卵，一根树枝上往往被钻出一排洞，使枝条枯死。卵在枝条里当年并不腐化，到下年夏天才孵化出幼虫，幼虫钻出枝条，掉到地上，钻入地下。然后经过3～5年的地下生活，在夏季的傍晚钻出地面诞生。

蝉的幼虫叫"蝉幼"或"蝉猴""姐留猴""姐留龟"等，蝉幼和蝉前部两足之间都有一个"钢针"样的"吮吸器"，它们就是依靠这"钢针"来吮吸树根或树枝的汁液来生活的。可见蝉是名副其实的害虫。蝉幼一般选择夏至前后的傍晚出土。特别是雨后，土壤松软，是蝉们出土的旺季。相传蝉逢单日出土少、双日出土多，这没有什么科学道理。蝉出土后一般选择就近的植物，爬到一定的高度就开始借助于露水的滋润蜕皮，刚蜕出蝉蜕的幼蝉仰卧在蝉蜕上，徐徐拉直两副透明如纸的翅膀，然后附着在树干或枝叶上晾干身体，身体的颜色也逐渐由浅黄色变成黑色，早晨太阳升起的时候，蝉也就长成了成蝉，振翅飞到高树枝上开始自己的正常生活。大约经历一个月左右，蝉也就寿终正寝了。

在古代文人眼里，蝉却是高尚人格的象征。它栖居高枝而不衔草筑巢，弃秽饮露而不以粱粟为食，高标孤处，无求少欲。晋朝郭璞就赞美它："虫之清洁，可贵惟蝉。潜蜕弃秽，饮露恒鲜。"宋朝朱熹也曾描绘蝉是"高蝉多远韵，茂树有余音"。实际上蝉对人类也有益，蝉蜕可以入药，性寒味甘、散风解热，主治感冒发热、咳嗽、小儿麻疹、风疹等症。刚出土的幼虫，含有丰富的蛋白质，炸、炒、煎、蒸均可，是人们喜食而又不可多得的佳肴。

（此文发表在《日照日报》1997年7月5日第2版）

乡间棋趣

在我的家乡，人们偶有闲暇，无论是大老爷们，还是毛头小伙，甚至乳臭未干的皮小子，常常可以随便拨拉开一片小天地，二三十平方厘米足矣，相互垂直的五横五竖构成一副棋盘，草棒、树根、树叶、石子……皆可成为棋子。家乡人美其名曰"放牛棋"。

放牛棋不知起源于何年何代，历史上没有记录，总之是至今不衰，连学校里的小学生课下也要摆上几盘，杀个你死我活。乡里人朴实，两人一蹲或找块乱石坐下，周围围上一圈观众，不太直的几条线横竖叠在一起，对弈顷刻开始。转眼间三五盘下来。输者，自觉一拨拉："重来——"赢者，憨憨一笑，迎上，一直下到日头偏西。第二天，又有新的对弈者出现，棋盘也就深深地刻在那块土地上。

放牛棋的知识可谓丰富。在农村，它不亚于围棋。小小的10条线纵横交叉，构成一个个框格，每两条线的交汇处着一棋子，什么"三斜""大棍""通天"——无穷无尽、琢磨不透、环环相扣。每上一个"三斜""大棍""通天"等，都要吃掉对方一个子，最后被吃净的一方为败。下放牛棋最绝的一着是"打俩子"，即你着一子后，能同时"上"两个"上"，对方只能"撑"一个，这样你就一定能吃掉对方一个子……

在我的印象中，下放牛棋最棒的，要数我们学校烧锅炉的老秦。他虽然一个大字不识，甚至连自己的名字都认不出，但放牛棋下得特棒。他能一眼看四五步棋路，让你自觉不自觉地给他腾"上"；他能把放牛棋下出"花"来，一盘将输的棋，经他一指点，准能"妙手回春"，不服不行，这也许是应了"熟能生巧"的道理吧。

现在我已离开家乡数年，星期天或假日，偶尔也和妻子、女儿玩上几盘放牛棋。他们对于"放牛"是何意，可能很陌生，但放牛棋却下得很精，娴熟得有时胜过我。我想说不定哪一天，家乡的放牛棋也会冲出亚洲，走向世界。

（此文发表在《日照日报》1996年6月14日第3版）

一笫篱鲜花生

放假了，我打算带女儿回一趟老家。这头电话还没放下，就听到电话那端母亲已高兴万分地嘱咐父亲："孩子要回来，快去地里拔些鲜花生煮给他们吃。"

放下电话，蓦然觉得，自己已经很长时间没回家了，母亲已把我当作"城里的客人"了。淳朴的山里人没有什么可招待"城里的客人"的，一笫篱鲜花生，让"城里的客人"吃个新鲜，这就是他们最盛情的款待，而平日里，勤劳的他们是绝对不舍得在花生还没长足身子时拔来煮着吃的，谁如果在花生还没长足身子时就拔来吃，那会被周围的邻居们笑话，说他是败家子。

下了车，伴着"汪汪"的狗叫声，离很远就看见大门口正堆着一大片青翠的花生秧，一群鸡还在啄食着那些没成熟的小花生。迈进门，已嗅到院子里弥漫着那鲜花生的清香。母亲听到狗叫，急忙从灶间跑出，看见我们进门，高兴地喊着"你们回来了。"又回头钻进厨房，端出一笊篱还冒着热气的鲜花生——"快吃吧，鲜的。"

我的心一紧，酸酸的，母亲用双手端着那乳白色的嫩嫩的花生，仿佛擎着一捧珍珠，虔诚地送到我和女儿面前，我再也控制不住感情，眼前模糊了。我忘不了上师范时，母亲总是不远百里给我送来鲜花生，让我们这群离家的孩子饱尝这"山珍"。如今，母亲老了，头上已经爬满了白发，可她仍惦念着她的儿孙。而作为儿子的我，每逢假期，不是嫌麻烦，就是嫌路远，竟很少回家看望已近六旬的母亲，更不要说帮母亲挑一担水、添一把柴了。看着眼前的这一笊篱鲜花生，我深深地自责着。刚煮出的鲜花生散发着诱人的清香，女儿吃得满地狼藉，可我一个也吃不下。

"怎么不吃？这可是你爹今早刚从地里拔的，挺新鲜的。"母亲见我看着花生发呆，走过来劝道。

"妈，您也坐下来吃吧！"我再也坐不住，忙站起身帮母亲拎猪桶。

母亲捶着腰说："我们不稀罕，今年雨水调和，你爹说花生好着呢，估计能收三千多斤吧。等临走的时候让你爹给拔两墩捎着，到城里还要花钱买，咱家现成着呢。"

是啊，在农民看来，花生就是送给城里人最好的礼物了。

接下来的几天，我不但没给父母帮上什么忙，反而使父母更忙了，他们什么也不让我做，我做了，他们又看不中。终于，我打算带着女儿回城。

那天我们刚起床，父亲就从地里背回来一筐花生，乳白色的花生粘着泥土缀在青翠的花生秧上，闪闪发光。我赶紧从父亲肩头接下筐。这时母亲已找来一个化肥袋子，我、母亲、父亲和女儿一起摘着那一个个活泼如可爱的孩子一样的花生，摘了大半袋子，筐底居然还埋藏着几个青玉米和几个红薯。

"带回去，吃个新鲜。"父亲和母亲喃喃着。

背着袋子，我感到沉甸甸的，仿佛承受不起。归家途中，我的眼前老是浮现出母亲那一笊篱鲜花生。

（此文发表在《日照广播电视报》2005 年 10 月 7 日 A9 版）

故乡的冬夜

故乡的冬夜，绒绒的，仿佛爷爷身上裹着的羊皮大袄，臃肿着。而漆黑和宁静，成为故乡冬夜的主旋律！

故乡的冬夜是没有声音、没有光亮的。也许他的儿孙们经过一年的辛勤劳碌已经累了，他们需要在这安静的冬夜休养生息；节俭的农民舍不得看电视的同时亮着电灯，甚至连电视的音量也调得很低，即使几家富裕一点的，亮着灯，那也是 15w 或 25w 的灯泡，光线显得浑浊；白天看见大街上隔不远曾有几个水泥电线杆上挂着路灯，早被调皮的孩童用弹弓当做鸟儿的眼睛打碎，只剩下锈迹斑斑的灯罩，在这慵懒的冬夜，在高处接受寒冷的挑战；故乡的冬夜更没有轿车刺眼的灯光，让迎面开车的人骂一句"可恨"。故乡冬夜的大街上，明亮一点的，那是谁家的狗或私自跑出来捉老鼠的猫的眼睛。

电视，成为故乡了解认识外界的唯一窗口，但是，大多数乡人由于春、夏、秋季农忙劳累惯了，好不容易盼来一个休闲的冬天，加上气温的奇蒿，室内舍不得生炉火，看完天气预报就早早钻进温暖的被窝。我曾想捡回故乡的夜的回忆，去感受儿时和伙伴们一起捉迷藏、占山头等游戏的乐趣，可是，那些新生一代们似乎也一下子步入了老年人的行列，要么在家看电视，要么在家做作业，要么早早入睡了。整个大街上，没有吆喝声，没有冲杀声，没有叫嚷声，没有母亲呼喊孩子回家吃饭、睡觉的叫骂声……故乡的夜睡得特别快，静得特别早。

在外漂泊流浪多年的我，习惯了看城市霓虹，走惯了明亮路灯的柏油路，享受着现代文明带给我的惠泽。可是，这次回乡，虽然故乡令我失望，但我还是亲昵着她，仿佛不嫌母丑的儿子——难道仅仅因为这里埋着我的根？我竖起耳朵，睁大眼睛，用我的心灵共鸣着故乡新时代的脉搏——

夜逐渐地深了。寂寞孤独的我也只好躺回曾经躺过的木板床上。胡同里偶尔走过一个路人，"笃笃笃"的脚步声由远及近，小院的一声狗吠，将故乡的宁静戳开一个窟窿，接着整个胡同两侧居家的狗都次第叫起来，将笼罩着整个村庄的故乡的冬夜又撕开一道口子，很快又在路人渐行渐远的脚步声中自然缝合。故乡，又再次复归宁静。躺在床上，我的耳朵竖起，倾听着自己的心跳声，期待着下一次路人的经过来打破我心的寂寞，想再次听见故乡撕开又缝合的夜的宁静，可是等到半夜，也没有再次听见。

故乡，也许真的睡了！可我，却怎么也睡不着——

于是，裹上臃肿的棉衣，走进泛着炊烟的味道和畜禽气息的院子里，想透一透胸中的闷气。

　　整个村子似乎没有一点活气，漆黑和宁静包裹着一切，只有天空显得特别清晰、明亮。故乡的星空，不像城市，被雾气朦胧地遮掩着，可怜的、稀疏的几颗星星，需要睁大眼睛搜寻半天，才能找到。故乡的夜空比城市的夜空似乎高出许多倍，深远得多，星星格外多，格外亮，盈盈的挤满了整个天空，挂满了门前的树枝、院落周围的墙头和屋角，仿佛摇曳的风铃，奏着时间进行曲。

　　邂逅故乡的星空，仿佛遇见美丽的少女，牵拉着我的眼睛，忍不住多偷觑那么几眼——那是牛郎，那是织女，那是北斗，那是勺子星……我掰着手指数着，仿佛儿时夏夜躺在爷爷身边的蓑衣上的孩子，品味着爷爷口中散发着旱烟味的每一个神话传说。如今，那每一颗星星上，仍然散发着美丽的神话传说的味道。

　　夜已经很深了，周围的空气也冷得很，但我不愿离开院落，因为这里有我心仪的美丽的星空，有清新的空气。

　　哦，原来故乡的冬夜的美在这里——没有城市的喧嚣，没有高楼大厦内的勾心斗角、尔虞我诈；故乡虽然贫穷、落后，但这里有美丽的星空，有清新的空气，有爷爷的故事，有我的追忆，有我的根……也许将来，这里仍然是我的皈依。

　　这里，让我心静；这里，让我心醉……

　　　　　　　　（此文发表在《日照广播电视报》2011 年 8 月 14 日第 26 版）

颗粒归仓

　　麦稍黄了，又是收获的季节。在农民看来，要颗粒归仓……

　　端午节假期从老家回单位的火车上，我看见一群穿着迷彩、T 恤等头发蓬乱的农民工也乘坐火车回家，我猜测，他们可能是借端午节假期回乡割麦子。

　　他们在火车上交谈着，有的站，有的坐。其中，一个拿着魔方，展示着，另一个把一个陀螺在火车地板上旋转着，陀螺散发着七彩的光——这是他们买来的送给孩子们的礼物，他们的脸上洋溢着幸福的微笑，那微笑是卖粮的农民刚卖完粮食点数钞票的神情。

　　车厢的行李架上和车座下，挤放着一些塑料桶——这些曾经盛满涂料、被他们用手中的刷子刷满城市的建筑遗留下的空桶，对生活在黄土地上的他们来说，用得着，他们可以用来装水，运水，浇灌庄稼。车厢还堆满了一些蛇皮行李袋，里面装着他们的行囊，肯定还有他们为自己的妻子买的花衣服。

他们用自己的双手，建造了美丽的大厦，美化了我们的城市，而他们自己，却没有机会在城市居住，农忙时，过年时，年老时，他们都要回到那片属于他们的土地，颗粒归仓。因为在那片叫做"故乡"的土地上，种着他们的妻子，长着他们的儿女。

列车终于驶入了终点站，他们捅起那些塑料桶、蛇皮行李袋，匆匆消失在人流中，我知道，村口或门口，有好几双眼睛——妻子的，母亲的，儿子的，女儿的，在等着他们的归来，等待着他们的"劳力"回来收割那已经成熟的麦子。

颗粒归仓。

徜徉于缤纷的校园

雪落无声

晚自习结束时，天空居然洋洋洒洒地飘起了美丽的雪花，悄悄的，默默的，仿佛怕惊扰这即将睡去的世界……

学生们已陆续走向公寓，我也走出教室，漫无目的地漫步在校园的小径上，徜徉于这飞雪的世界里，好像要把这里的一切永远装入自己的脑海。雪花在我的视野里飞舞着，在橘黄的路灯下，宛如千万只美丽的白蝴蝶，扑向这朦胧深沉的灰色地母的博大怀抱。

我徘徊着，思考着，明天就要离开这所工作、生活了十年的乡镇中学。上午，我只跟校长打了个招呼，就匆匆回到办公室呆呆地坐在那儿，一直坐到上晚自习的铃声响起。我不想把我调走的消息告诉每一个老师和每一个学生，那会引起轩然大波，尽管迟早会有这样的时刻。今天晚上，是我最后一个晚自习，明早我就将匆匆踏上征程，去开创另一片全新的天地。看着眼前这群静静地坐在教室里上自习的可爱的孩子们，多少次，我想开口告诉他们："明天，我将要离开你们。"话到嘴边我又咽下，我怕打碎那份宁静，宁静的气氛，宁静的心灵，宁静的情感。既然要走，就悄无声息地离去吧，不要打扰任何人。我想把我对这所学校、对这里的每一个人的爱与真诚全部留下，把他们对我以后的思念也留下，我什么也不愿带走，无论是属于我的还是不属于我的，哪怕一张碎纸片，一份纯真的思念。

由于是第一场雪，雪落在地上、衣服上、头上，很快便消失了。在消失的瞬间，我似乎听到志摩老人那浑厚的男中音——

诗意地行走

> 轻轻地我走了，
> 正如我轻轻地来；
> 我轻轻地招手，
> 作别西天的云彩……

落雪悄无声息地告别上苍，带着一颗奉献之心，洗涤着这浑浊的空气，净化着这幽静的世界，滋润着万物。最后，化作精灵，融入地母的怀抱，一直到达灵魂的深处。

不知不觉竟又走到我以往每天晚上都要到的学生公寓门前。已是晚间十点多了，公寓内的个别学生还在兴奋地谈论今夜的落雪，我在窗外听得真切，敲敲窗玻璃，他们收起了那份热情。

岁末年首，雪花飘飘，又是贺卡飘满天的季节，学生们的贺卡这几天也如这飞天的雪花，纷至沓来，从那一张张五彩缤纷的贺卡上，我读出了老师独有的那份荣光；从那一片片飘飞的雪花身上，我读出了只有老师才能得到的那份雪花般纯洁的年轻的心灵，那么珍贵，如这一场千呼万唤始来的落雪。

踽踽地走在这飞雪的世界里，我伸开双手，精心地捡拾着每一片可以捡拾的雪花，小心翼翼地捧在手心，呵护着，用我的充满热血的心写上我诚挚的祝福，借今夜的寒风，寄给我现在的和过去的、近在身边的和远在他乡的学生，包括此时睡在公寓内刚刚还在谈论落雪、明天就将和我离别的这群！亲爱的孩子们，在梦中，你们收到了吗？那窗外漫天飞舞的雪花，就是我——你们的老师给你们的新年问候。明天，当你们起床后推开门，第一眼所看到那白雪皑皑的纯洁世界，或者一片湿润的冒着热气的土地，那也是我留给你们的永恒的祝福。

冥冥中我的耳畔又响起志摩的诗——

> 悄悄地我走了，
> 正如我悄悄地来；
> 我挥一挥衣袖，
> 不带走一片云彩。

雪落了，无声；施爱，无言……

（此文曾发表在《语文学习报（初中教师版）》2005-2006学年度上学期第20期第7版）

玉兰花开

三月的风如羞赧的少女，姗姗吹来，吹绿了草坪，吹绿了柳条，也吹开了花园里的几株玉兰花。

玉兰花开了！玉兰花开了——

在我们灼热的企盼中，玉兰花悄然向我们露出了可爱的笑脸，让我们对它一见钟情。树上一片叶儿也没有，只那么显眼的挂满了毛茸茸的骨朵和已开的、半开的花。谁说"红花需要绿叶扶"，没有绿叶，这满树的花朵儿一点也不显单调。每株树上三四十朵花，如三四十位姣容美貌的舞女，身着纱衣飘逸在空中，在春天的旋律中共跳一台圆舞曲。那每一枚花瓣，都是一个跳动的音符，一个燃烧的青春，一个鲜活的生命。

看，那状如桃子般的骨朵，在煦暖的阳光下，慢慢舒展开来，椭圆的瓣儿眨着眼睛，从那毛茸茸的花蕾里欣欣然展开她的笑靥，露出一排洁白的皓齿。她没有桃花的娇羞，没有梨花的娇小，她是来自自然的一位贵族小姐，用她那冰清玉洁的身姿，滋润这万物复苏的世界。乳白色的白玉兰，如一位身着洁白婚纱的新娘，散发着新鲜牛奶的馨香，颀长的身材流溢着高雅和华贵，大方地张扬着她的雍容典雅，也许，下一届世界小姐的评选当属她了；紫红的紫玉兰，如一片朝霞，点燃了半边天空，染红了嫩绿的草坪、鹅黄的细柳，使人疑心天上善良的彩霞姑娘来到人间，向热爱生活、追逐人生的人们倾洒她的爱心和美丽。

我悄悄走近她们，走入她们的心之峡谷，陶醉在玉兰花的馨香里，感受着生活的甜美，我不能像蜜蜂蝴蝶那样融入她的内心，我只能用我的痴情品读她的青春与美丽。她举起"拳头"向热爱她的人们宣读春天的誓言，那火红的"心脏"跳动着春天的激动与热情，那美丽的"蝴蝶"弹奏着生命的飘逸与潇洒。她就那么自然地、大方地让走过她身边的每一个生灵欣赏自己独有的娇美，"桃李不言，下自成蹊"，那刚出土还写满鹅黄的草坪上，被热爱美、热爱玉兰的人们，踩出一条临时的小径。

真想撷一枝，插在我用心做成的花瓶里，永恒地拥有这样一位多情善感的红颜知己。可是，我不能，因为她属于春天，属于自然，属于热爱生活的人们……

玉兰花开了，开得好烂漫；

玉兰花开了，开在每一位与她邂逅的人的心里；

玉兰花开了，开出一个亘古的神话……

（此文发表于《城市信报》2007 年 6 月 18 日 B7 版）

栽下一棵树

听说母校要举办50周年校庆,上网打开母校的论坛,校友们谈论着过去的老师,回忆着自己的同学,品味着曾经的生活,但提到更多的,却是校园内教学楼前那棵大洋槐树——春天,它抽发希望,开出一簇簇雪白的槐花,馨香了整个校园;夏天,满树的葱茏遮蔽着阳光,窥视着我们青春的秘密;秋天,一枚枚如铜钱般的黄叶飘落,写出一片诗意的大地;冬天,凛冽寒风中,它笑傲风雪,诉说着坚强……

每次路过母校门口,第一眼看到的,也是那棵洋槐树。我总是怀着虔敬的心情瞻仰它,它像一位母亲,伫立在高地之上,翘首观望着儿女归家的日子,望眼欲穿。洋槐树下,曾记录着我三年的青春,见证了我从一个乳臭未干的少年成长为一名人类灵魂的工程师的历程。多少年了,洋槐树仍然是那么葱翠茂盛,枝叶间的喜鹊窝内,也许还住着那温馨的一家。洋槐树如一顶巨伞,荫庇着它脚下的土地,偶尔还会看见几个学弟学妹的身影,在树下享受青春的美好,一如当年的我们。那种幸福的感觉,令自己不由咂咂嘴,感受到的却是甜蜜的温馨。

如今,工作已经十几年了,对于母校的教室、宿舍、操场、食堂等印象早已模糊,而唯一清晰的,还是教学楼前的那棵洋槐树——枝丫间洒落如银的月光,一片朦胧,裸露在土壤外的粗壮的树根上,似乎还保存着我和同学当年的体温,那树下的土地上,还响着我们跫跫的足音。我们在树下聊生活,谈理想,放飞心情,展望未来。

洋槐树,已经成了母校的一座丰碑,一个标志。树下的故事,相似的,不同的,数也数不清……

参加工作后上班的第一所学校,校园内也有同样一棵大树,不过不是洋槐,而是一棵柳树。这棵柳树树干上长满屈曲的树瘤,一个人双臂合拢抱不过来,一如母校的那株洋槐树,仿佛一尊美丽的雕塑,记录和见证着这所乡镇中学的成长与发展,也写满了我这个后继者的崇敬与尊重。它,成为这座学校的文化丰碑,底蕴的丰厚让我看到了成长的希望,十年,我在大柳树的目光中成长。课间,假期,经常看到满头白发的老人、事业有成的中年人以及一些年轻的学子围着它旋转,抚摸它深深的皱纹,回忆昨日的故事,回味青春的思想,找寻学生时代的足迹。

我离开这座学校已经五年了,记忆中的一些人、一些事、一些建筑物也都模糊了,唯独印象深刻的,是这棵写满沧桑历史的柳树,那树上的皱纹深到我的心里,那树上知了的叫声还回响在我的耳畔,我用柳叶做成的书签,还夹在我的词典里,夹在我的记忆中……

离开故乡来到这座滨海小城工作已经近20年，睡梦中对故乡的印象，就是村头岭尖的那株白杨。我不记得它有多少年树龄，我只听说在我出生时，父亲在它的树枝上曾系上一根红线；成长中，我曾在它的上面拆过鸟窝，折过"口哨"，吹响欢乐的童年；当我离开故乡时，留在我脑海中的，是老杨树挺拔的身躯，葱茏的树冠；每次归乡，我从车窗中最企望看到的身影，也是这棵老杨树；而每次车驶上那个慢坡，首先映入我眼帘的，还是它。看到它，仿佛看到自己年迈的母亲……大杨树，你是我故乡的缩影，你的根已深深扎进我的内心深处。

如今，故乡的岭尖上，还是那棵老杨树，还是那么多枝丫，不过于我多了的，是一抹浓浓的乡情。

实际上，我们每个人都是一株树，走过流逝的岁月，走过一尊尊血肉填充的躯体和灵魂，我们给这个世界留下什么，是过眼烟云，还是亘古永恒？

栽一棵树吧，在自己的行动中，也在别人的心中——因为树是一座亘古的丰碑，是一尊永恒的雕塑，是一份持久的文化，是一腔不老的乡情……

（此文发表在《日照广播电视报》2008年1月23日12版）

雪落校园

红色的圣诞刚刚离去，元旦就沐着小雨夹雪，迫不及待地来到我们身边。雪，送走了令人鼓舞的旧年，迎来了欣欣向荣的新年。

昨夜的一场雪，把年轻的港城拉入冬日的妖娆——

"忽如一夜春风来，千树万树梨花开"。一夜之间，整个港城穿上了一件绒绒的雪衣，万物都裹在这皑皑白雪之中，使洁净的港城显得更加洁白无瑕。今天的黎明来得似乎特别早，伴着簌簌的落雪，时间老人早早揭开了夜的面纱，把一个粉妆玉砌的世界展现在市民眼前。看，瘦削的虬枝一下子变得臃肿起来，茸茸的落雪，黏黏地粘满每一株植物的躯体，形成了罕见的"雪凇"。院子里那几棵雪松，稠密的针叶上落满厚厚的积雪，在风中微微摇动，显得更加苍劲挺拔，这使我不禁想起俄罗斯的风景画；隔壁院中的一方四角高挑、红瓦蓝柱的小亭子，犹如一位窈窕的红衣少女在透明的舞台上跳动"冬之舞"……

丁零零的自行车的铃声，嘹亮的汽车喇叭声，打碎了小城宁静的黎明。上学路上，孩子们一如欢快的小鸟，在雪地上跳舞。几个调皮的男生追逐着，把沉甸甸的书包抛到空中，书包上还震颤着他们的调皮和欢快。那飘飘的雪花，如白蝴蝶般围绕着他们旋转，而他们也仿佛是洁白大背景上的几只蓝蝴蝶，悠闲地飞翔在雪野上，如跳动的音符，奏响了一曲"白雪奏鸣曲"。教室内的一群孩子，伸长了脖子，拉长了眼睛，羡慕地看着窗外那打闹的三五个男生，不时用眼睛祈求着我，那份热情、那份渴望、那份灼热俨然要把我熔化。

"走，我们踏雪去——"

我的话音还未落，孩子们早已冲出教室，如离弦的箭，奔向校园的草坪、操场，毫不留情地把我这个"大孩子"甩在了教室。

我紧随他们，步入广袤的雪野，沐浴在漫天的飞雪中，萧条、安静、冷落的雪后校园，一下子掀起了喧闹的春天的热情。

看吧，这群纯洁如雪的孩子们，一下子恢复了他们的原始天性，找回了他们的野性，把积淀了十几年的狂野尽情地发泄，完全没有了教室内的矜持、文静，他们无拘无束地疯着、闹着，肆无忌惮地追着、打着，那清脆的笑声摇落了沉积在树上的绒绒落雪，教学楼顶的喜鹊也"喳喳"地叫着，礼赞祝福这群活泼可爱的年轻的生命。

瞧，平日温柔谨慎的"小荷"被调皮的"小鹿"塞进脖领一团雪，她立刻回转身笑着、嚷着、追着，那早已团好的雪球带着一颗童心飞向"小鹿"，在"小鹿"的背上开了花；再看那几位，居然玩起了人工"爬犁"，一人蹲地，一人在前面拉，一人在后面推。一不小心，前面的摔倒了，后面的也跟上，三人一起躺在雪地上，仿佛躺在"席梦思"床上一样舒服；教学楼的窗前，站着"既眼馋又腼腆"的几位，他们多是女生，鼓胀的眼球深蕴着艳羡，膨胀的心灵压抑着兴奋，青春的笑脸分享着楼下伙伴们的欢快……

这知时而来的落雪，这应运而降的落雪，给世界带来了清新，给孩子们带来了欢乐！

雪，对于生活在北方的孩子来说，应该并不稀罕，可随着近几年来暖冬现象的增多，大雪在我们这滨海小城越来越少见。因此，这场不大不小的落雪，无疑激起了孩子们的野性，激发了他们的灵感，对他们来说雪是如此新鲜，如此令人溺爱。

目睹这群如《西游记》中花果山上活蹦乱跳的猴儿般的孩子们，我的心也年轻了许多，不由地微笑着慨叹：这，才是孩子！

早自习结束的钟声早已响过，第一节课的钟声也已敲响，我高声招呼他们回教室，费了九牛二虎之力，才收回这群放飞的心灵。孩子们闹得头发凌乱，衣服湿了，红红的脸颊上沁着汗水、挂着草叶，鞋子上沾满泥水……可他们全然不顾这一切，他们的心是快乐的。教室门口，他们噔噔的足音叩着春天的大门；回到座位上，他们仍兴奋地谈论着，说笑着，仿佛捡到了这个冬天最大的快乐。

是啊，他们这群在温室中生活、在学堂里发展、在父母的叮嘱呵护下长大的"独苗"们，多么需要阳光雾露、风雨雪霜，多么需要一个活泼开放的"冰天雪地"啊！

（此文发表在校刊《海音》上）

老师啊，您培育的是祖国的春天

您的目光，
是知识的深渊；
您的话语，
是春天的花瓣；
您的情感，
如杨柳般温柔；
您的灵魂，
像太阳一样灿烂。
老师啊，您培育的是祖国的春天！

您就像扎根墙角的二月兰，
不求索取，只是默默无闻地奉献；
您就像生长在高原的雪莲，
纯洁无瑕，一尘不染；
您就是猎猎的劲风啊，
吹鼓起时代的风帆；
您就是殷殷的雨露啊，
滋润着祖国的秧田。
老师啊，您培育的是祖国的春天！

明亮的小太阳，

将沿着您教鞭的轨迹升上蓝天；

沉默的讲台，

要记下您金色的华年；

备课本展开，

就是您人生的画卷；

您身上弹出的粉笔灰，

也会变成种子，撒向春的田间。

　老师啊，您培育的是祖国的春天！

您从马克思的《资本论》，

给我们剪来真理和箴言；

您从司马光的《资治通鉴》，

为我们引来知识的醴泉；

您把李白和杜甫请来，

坐在我们中间；

您将领袖的目光，

播进我们的心田。

老师啊，您培育的是祖国的春天！

您的身躯，在茫茫宇宙中只是一粒尘埃，

却给人类留下永恒的纪念；

您的生命，在历史的长河中只是短暂瞬间，

却使社会发展、文明繁衍；

您不需要别人为您立传，

却把生命尽燃；

您甘做铺路的石子，

让孩子们踏之登攀。

老师啊，您培育的是祖国的春天！

两鬓苍苍，

秋霜尽染；

老骥伏枥，
志在蓝天；
花木葱茏，
叶落根边；
春蚕丝尽，
蜡矩泪干。
老师啊，您培育的是祖国的春天！

（此诗发表于《日照广播电视报》2005 年 9 月 21 日 A7 版，并获全市庆"五一"诗歌评选二等奖）

捡拾着生活的碎片

阳台上的日子

真想，在阳台上过一天无忧无虑的日子……

阳台，是那种外飘窗式的，透明得可以让你看到外面的世界，也让外面的人一览无余地看得到你。一个人，就那么如琥珀般镶嵌在庞大的钢筋混凝土结构中，悬挂在半空，看窗外的蓝天，看蓝天上的白云，看白云下的高楼，看高楼上的铝合金门窗，想象着窗内的世界和故事。

任由窗外的阳光如针灸的钢针一样，扎着你的脸，扎着你的眼睛睁不开，扎着你的每一寸肌肤，让那并不强烈的温馨的精灵吮吸着你的机体和思想中的水分。偶尔吹来一缕风，透过窗纱吹进这狭小的透明的世界，也吹进我的心，不要飞虫，也不要蝴蝶，我只想拥抱阳光和微风，让自己全方位散发阳光的味道。

阳台上摆几盆花草，点缀单调的角落和雪白的墙壁；盆花开了，就让它随意开吧，不开也无所谓。有几盆绿萝、吊兰也行，随随便便挂满墙壁，垂在窗台，有那么点儿纯洁的养眼的绿色就已经很满足了，满足得像久行在沙漠中的游子干渴时喝到的一口甘甜清凉的泉水。

置一把摇椅，仰卧其中，翘着腿摇晃着，闭目遐思，想陶渊明的"采菊东篱下，悠然见南山"，想海子的"面朝大海，春暖花开"也可以，什么都不想更好。

旁边架一台小半导体收音机，有耳朵没耳朵地听着。听音乐，口里有一句没一句随着旋律哼哼，什么歌词，不知；什么节奏，不晓。听新闻，哪里又发大水哪里又爆发战争，谁又当了省长谁又因为贪污受贿被判了刑，这一切，都与我无关，我只想让这只半导体使我的耳朵不闲置荒芜着。

手里捧一册《平凡的世界》，不管书中的人物和情节走没走过脑海，抑或也就是过眼云烟，连少安和少平都混为一谈了，甚至跑到《围城》中去幽会，都无关紧要。书，捧在手里，就是一种摆设，仿佛照相时拿着的道具。最好脚边再趴着一只懒猫，不用捉老鼠，不用考虑下顿吃不吃鱼，闭着眼，躺在阳台上的阳光下，一如躺在阳台上摇椅中的我。

此时，我不要手机彩铃的侵扰，也不要门铃的"嘟嘟"声，不想说工作，也不想谈人际交往，什么聒噪也没有，就这么无思无想、无忧无虑地躺着，把自己晾晒在阳台上，像山里人挂在檐前的红辣椒，像渔民晾晒在水门汀上的沙丁鱼，像一辆行将报废的汽车。

"收酒瓶了——"窗外收酒瓶的老大爷又来到楼下，他知道，我有他想要的曾装有麻醉与清醒的容器，欠身看看身边攒下的如岛一般的形形色色的空酒瓶，它们曾经为自己指就了一条路。今天，没有酒的作用，我还是醉了，醉在阳台上。

我就是想在阳台上这么安静地过一天舒心的日子，一天就足矣……

（此文发表在《齐鲁晚报》2009 年 7 月 17 日 C3 版）

在窗台上栽一盆绿

朋友，如果你有闲暇时间，请在窗台上栽一盆花，花的品种无所谓高贵，一盆吊兰可以，一株蟹爪兰也行，哪怕是一剪榆叶梅，一棵常青藤，只要有一盆就够了，如果更多，则更好！

只有爱花的人，才是热爱生活的人！

栽几盆草花，置于室内，就是将葱绿的大自然搬进了室内厅堂，使人置身其中，就能嗅到春草的清香，红花的芬芳，绿树的馥郁。如今的钢筋混凝土构筑的城市人家，缺少了农家小院黄泥的土香，也失去了农家院落那角角落落挤出的马齿苋、板地黄以及许许多多叫不出名字的小草，连那绿茸茸的青苔也难以见到，代之的，是水泥和豪华装修散发的甲醛气息。而习惯了在土地上生活的人类，走上了半空的楼阁，如鸟儿般栖息在土地与天空之间，似乎对土地拥有了更多的眷恋，爱着那抹绿色，想着那份土香，忆着那份空气，于是，将草儿、花儿、树儿搬进了"家"，于是就在家里种出了"一盆草地""一片森林"，仿佛要返璞归真。

用心栽几株花草于室内，每当我们开门步入属于自己的世界——"家"，它们会如精心饲养的宠物，舔着你的心情，欢笑着等着你的拥抱。放下文件包，脱下外套，斟一壶早已晒好的清水，在花草上一倾，那如珍珠的细雨挠得叶儿们发出咯咯的笑声，这时，你的心也会醉在这份欢乐中，工作了一天的劳累和身心的疲惫随着珍珠细雨滴进花下的泥土，瞬间烟消云散。然后再和花儿草儿牵着手聊会儿天，做会儿游戏，抑郁的心也会绽出灿烂的花朵。置身自己经营的森林、草地，疲倦的身体融进这份难得的和谐自然之翠绿中，享受到的是一次逃脱，一种解脱，一份洒脱，收获的是一份悠然，一缕陶醉，一片宁静。那才是真正属于自我的空间，感受到一份劳动的幸福和自然的融合。

在窗台上栽一盆花，就巧妙地将人类的文明与大自然的原始连接起来，那一抹绿是空中楼阁走进大自然的门槛。迈过这条门槛，就是融融阳光浇灌的草地、灌木，甚至几棵绿化树，虽然也是人工栽植在这人类文明构建的小区，但毕竟离自然近了，近得就在咫尺，就在眼前。我们无法把自然搬进家，于是，就栽几盆花草于室内，这是人类再造小区森林的延伸。

在窗台上栽一盆花，当一位陌生的路人走过楼前窗下，不经意地抬首间瞥见那一抹翠绿或鲜红，那是对路人的恩赐和奖赏，告诉匆匆行走的人，要热爱生活，享受生命的绿色，感受生活的阳光。

在窗台上栽一盆花，当傍晚忘记了归家的孩子，透过温馨的鹅黄灯光看到窗玻璃上映出的那灰色的花的影子，那也是一株活的带着温情的"花朵"，似乎就看到了希望，看到了母爱，感受到的是一种石头落地的安慰。

在窗台上栽一盆花，当一位拥有爱心恋家的人开车转过街角，眼睛会不由自主地看向自家的窗台，仿佛看到恋人的眼睛，那一抹鲜红翠绿，就是恋人脸颊的红晕和额前长长的刘海。看到那盆鲜花，享受到的是人间的幸福。

在世俗中穿梭忙碌的人们，栽几株绿吧，在家中，在敞亮的窗台上，将自己的爱与心情一并植入。你收获的，将是一片宁静的自然，一种诗意的生活，一份快乐的人生，一个幸福的世界！

（此文曾发表在《日照广播电视报》上）

采撷阳光

又是一个周六，没有了上课前"叮咚"铃声的烦扰，没有了连续几周监考的紧张，生活似乎戛然而止，慵懒的我想长长地睡一个惬意的懒觉……可是，暖暖的冬阳早已偷偷挤进了窗帘的缝隙，挤进了我的梦中，撑着我沉重的眼睑，唤我早醒。

伸一个长长的懒腰，打一个悠悠的呵欠，把挤进窗帘的阳光采撷一缕，拥入怀中，想再一次迷糊时，可调皮的阳光如闹心的孩子，扯着我的耳朵，聒噪着，吵着让我早起。

于是，带着对阳光的不满与怨恨，缓缓起床。索性拉开窗帘，让暖暖的冬阳肆无忌惮地冲进卧室，把我完全包裹。霎时，我的心被一缕缕暖暖的冬阳彻底俘虏了。阳光洋溢着爱情的味道，扑面吹来，如浓眉大眼棱角分明的中年男子的胡楂扎着情人的脸颊一样刺着我的眼，酥酥的，酸酸的，针灸着我的劳累和疲惫，让我感到一种沐浴后的轻松和清爽。

透过窗子，放眼望去，大自然中的一切生灵，都毫无保留地享受着阳光的恩赐——蔚蓝的天空，悠悠的白云，火红的枫叶，翠绿的青草，灰色的楼房……连穿着各色衣服的行人和烤着各色油漆的汽车也蠕动在阳光的怀抱里。此时，我真正读懂了"宠辱不惊，看庭前花开花落；去留无意，望天上云卷云舒"这一对联的内涵。

缓缓地推开窗户，掬一捧如银的阳光饮下，品味出的是一份清凉的感觉，一种幸福的回味！

于是，我伸出被生活磨砺出硬茧的手，紧紧牵着阳光粉嘟嘟胖乎乎如婴儿的小手，感到生活的充实，生命的希望；我轻轻把自己的心情挂在阳台前的晾衣架上，将连日来我潮湿阴霾的心情让多情的阳光带走，留下的，是一具散发着阳光味道的躯壳。

干脆，我以双手为剪，用心啬啬地剪下每一缕阳光，写上我的心情和愿望，把它们编成多彩的花环，戴在头顶，挂在项间，缠在我的臂膀上，让每一粒阳光随我脚步的行走和身体的颤动，像清脆的铜铃一样回响着春天温暖的旋律。

我沉醉了，我感谢阳光将我唤醒，让我采撷到生活的真谛——快快早起，珍惜生活中的每一缕阳光。

采撷阳光，用它浇灌我书桌上的吊兰和仙人掌，让生命的鹅黄变得葱绿苗壮。

采撷阳光，将它挂在我书房的墙壁上，让我的眼更明，耳更聪，心更亮。

采撷阳光，晾晒我的心情，抛却烦恼、忧伤，把微笑书写在脸上，给世界一片光明，给人间一片美好，给生活一片灿烂……

（此文曾发表在《日照广播电视报》上）

珍惜阳光

每天，我们都会邂逅阳光的温情，收获一个飘香的日子；阳光，亦如小提琴上飘着的音符，缠绕着我们的臂膊，包裹着我们的躯体，用母爱般的温暖滋润着成长的生命。

可是，有一天，我把阳光弄丢了——

那是一个天气多变的夏天，我与阳光在散发着庄稼清香的田野里相遇，阳光格格的笑声洗涤着原野的空气，也沐浴着我的身心，我曾经阴霾的心情一下子变得晴朗。那段日子，我麻木的灵魂体味到自我生命的芬芳，却忽略了阳光发散的温暖，忽视了太阳的感伤。

我们牵手走过酷热的夏，也迈步走入收获的秋，但严寒的冬还是不期而至，凛冽的风最终摧残了我生命的萌动。

当我茫然走入一片遮天蔽日的原始森林，当意识到把阳光弄丢了时，伤感的我带着遗憾，曾极力想捡拾叶落间细碎斑驳的光明，收获的却是朦胧的苍茫，如水的月华，从手指的罅隙里流淌。我的心灰了，冷了，累了，于是埋怨阳光的冷漠、无情，当初的许诺和海誓山盟都变得如此空洞，可回头想想自己，是自己的忽视伤了阳光。不是阳光灼伤了我，而是我丢失了阳光。

过去的，就意味着永恒。人生就如单行道，走过了，就别想再回头。走错了，如果想将过错擦除，那将付出残破的代价，就如一张画错了的素描，抑或小学生的作业本，而且，不可能不留下污损的痕迹。生命容不得我们去复制。那么，我们就好好珍惜今天，珍惜今天的阳光，让我们多情的生命每天过得鲜活明亮。今天所发生的，明天就将成为过去，明天将发生的，也最终将成为永恒。该做的，能做的就放手去做。

虽然我内心仍栖息着原始，但我的心中高高悬挂着一轮灿烂的太阳。

生命中的阳光，是友情，是生命，是事业，是幸福，还有一万个省略号……珍惜生命中的阳光吧，不要等到老来"空折枝"，或者"子欲养而亲不在"。

捡拾风景

人生，就像是一次拾级登山的过程。

当我们沐浴季节的风雨，蹚过岁月的河流，攀上人生的山路时，我们常常被滚滚红尘的世事淹没。也许，我们过于执着于行走，总想着早日攀登上峰顶。于是，我们疲惫于奔波，忙于世俗的追求却忘记了抬头欣赏身边的风景；我们繁忙于匆匆的行云流水中，却忽视了路边的风景：山脚下那淙淙的溪水，山坡上那燃烧的山花，山巅上那一块飘摇欲坠的岩石，都是一幅十足的画，一首韵味无穷的诗。

一年四季的山野，无不是生机盎然。然而，我们却过于崇尚秋季的成熟，专注的眼睛只盯住那一抹诱人的鲜红，鲜红的果子固然诱人，而春阳的煦暖、夏花的绚烂、秋叶的静美和冬雪的温情也无不让一个热爱生活的人顾盼。

让我们用一颗感恩的心去发现生活中的美，让我们用发现的眼睛去感受美的生活。

拿起你的笔，用你心灵的感应，写下那醉酒的霓虹，那风驰电掣的车流和那红衣的少女……

支起你心灵的相机，用你独具慧眼的视角，摄下生活中的每一抹、一瞬、一瞥，储存于你思维的空间，去记录生活的多姿多彩。

生活之树的每一个枝丫上，都挂着火红的果实和翠绿的叶子，我们要静下心来采撷，不要等到老来"空折枝"。

静下心来，放下包袱，留住阳光，留住心情，留住风景！

（此文曾发表在《日照广播电视报》上）

天上的云是山上的岩石

周末，偶尔登上离蜗居处不远的一座小山，阳光惬意地在脸上写着英文字母，痒痒的，似乎还带着"沙沙"的摩擦声。微闭双眼，仰头看蔚蓝的苍穹，朵朵白云缭绕在峰尖，也许登上峰顶，就能够享受如小时候看《西游记》中天庭云雾缭绕的感觉，就可以将它踩在脚下，或者用手撩起，像围脖般缠在自己的脖颈上，可当我们迈着酸痛的腿脚登上山顶，却发现我们离那天上的云还是那么遥远，它变换着舞姿，挑逗着我们再次攀登，再次去触及它的缥缈。每一座云山，氤氲在蔚蓝的天幕背景上，更是一首朦胧诗，是一个精彩的故事，一个变幻莫测的故事，或神话，或爱情，或现实，或童话……都牵着我们的联想和想象。那故事就挂在对面山峰的峰顶，或摇荡在山顶的松枝上，也许是出自舒婷之手吧，或许是出自民间，任读生活的人放飞遐想，读出"一千个哈姆雷特"。我犹如儿童过家家般编着一个个故事，沉浸在快乐之中——山上的岩石嶙峋、突兀，悬挂在山尖，摇荡在山腰，飘然欲坠，蓦然，有了一种感觉：山上的岩石是天上的云，是天上的云的倒影……

天上的云在这儿被山上的青松和岩石挂住了衣衫，拽了半天也没有挣脱松枝的挽留，反而牵着青松和岩石的手谈情说爱起来。它们相偎相依，显得那么和谐自然，真是天生的一家。

而那每一块山石，飘摇欲坠，和天上的云一样，都是一幅大写意的水墨画，任每一位读山的人驰骋想象。看，有的像神龟探日，有的像万马奔腾，有的像莲花簇拥，有的像孔子拜观音……

世事的变幻也如这变幻的云，生活亦如这漫山摇荡的岩石，只要我们学着单纯一些，去想，去发现，就会发现生活中的美，找到生活中生灵间的沟通与交流。

下点雨吧

天啊，你下点雨吧！

太阳，你高高在上地挂着，用你犀利的火眼金睛洞察着这苍茫的大地，可是，你看清了吗？那黏附在高大建筑物表面和大树的枝叶上的尘土，那隐蔽在它们身后的肮脏的垃圾、杂草，那令人恶心的蠹虫。也许，你根本看不到这一切，你看不到它们，因为你的位置太高太高。唯一的方法，是下一场大雨，彻底将它们冲刷掉。还自然一份清纯，一抹绿色，让自然多造就一些清新的空气。

天啊，你没看见，肥沃的龟裂的大地正饥渴地张开大嘴，喘着蒸腾的热气，等待着你的一丝甘霖。周围混浊的空气包裹着一切，包裹着高耸的建筑、高大的树和柔弱的小草，一群群的飞虫撞击着行人的脸，迷住了他们的眼睛；大街上，积淀着厚厚的尘土，汽车驶过，弥漫着呛人的灰尘。大地，的确需要一场淋漓的雨了。

我渴望下一场实实在在的雨，而不是同情的眼泪。我不希望只是一阵风，虽然一阵风也能给我们带来一点希望，但是，风刮得太频，雷打得太响，而不见雨，我们已经被你哄怕了。

也许，高楼大厦、高大的树木能够抵抗得住太阳的炙热，但是，那些小草呢？有大树的荫庇也许会好一些，他们可以在大树下享受清凉，而那些在偏远一角的小草呢？生长在贫瘠的土地上，他们极力汲取着大地这位仁慈的圣母的乳汁，希望努力地生长，生长为参天大树，可是，太阳太火烈，烤得他们已经快丧失生命了。

"万物生长靠太阳"，太阳，既然你是万物生命之本，你就应该一视同仁地厚爱你的每一个子民。可是，你的阳光洒在哪里了？你照在谁的身上？

我不渴望阳光，我渴望一场暴风骤雨，汲取上天和大地的营养，努力生长，哪怕在暴风雨中被冲得头破血流，我不后悔，因为我经过了暴风雨的洗礼！

早 市

"民以食为天"，正是因为吃饭，这爿早市便悄然诞生在小区门口。

每天早晨四五点钟，天边还挂着几颗疏懒的星星，四里八乡的菜农和周围的卖食品的小商小贩就汇聚在这里，各自摆出自己的"拳头产品"，沿着小区前的道路两旁形成一个用蔬菜、水果和各类熟食摊点组合成的大大的"Z"字，等待早起的市民挑选他们心仪的物品。

早市仿佛一位身着蓝底白花粗布衣衫的村妇，那么朴实、自然。每天，天刚蒙蒙亮，居住在周围的居民纷纷从钢筋混凝土和铝合金组合而成的现代建筑中陆续走出，匆匆赶赴这小小的早市，在"Z"字上摩肩接踵地穿梭。

早市又仿佛是安徒生笔下的"拇指姑娘"，袖珍得叫人喜欢。它的商品虽然没有超市的高贵繁多、奇珍稀有，却也琳琅满目，物美价廉，是"大众化"的老百姓的口福之享。随着季节变化更换着衣饰：夏天青翠的芹菜、带着黄花的黄瓜、细长的豆角……水灵灵的，刚从园中摘下，还带着露珠；冬天肥胖的白菜、保鲜的蒜薹、硕大的土豆，弥补了新鲜蔬菜的短缺；嫩嫩的豆腐脑、浓浓的豆汁、喷香的油条烙饼，令人垂涎三尺……袖珍的早市仿佛一方简单的盆景，浓缩了乡村集市的精华，呵护着城市的半角黎明。

三教九流的人在早市上邂逅，有头发花白的老人，有身强力壮的中年人，有风华正茂的大学生，也有戴着安全帽的民工……认识的，一句"早"显得那么自然和谐；不认识的，相互无言地谦让一下，自觉地排队购买，偶尔有一个初来乍到不懂规矩的，不注意夹了塞，人们也绝不会指责，只是彼此心领神会地交流一下眼神。赶早市的人没有穿制服的，全是一副休闲相，全没有上班时的那种一本正经、周吴郑王。

太阳已升到一竿子高了，还不到上班时间，早市就又自觉地悄悄解散，连垃圾也一起带走，仿佛什么也没发生过。

早市就这样日复一日、年复一年地衍息着，它很自觉，像一个听话的孩子，从不要人管，似乎谁也没注意、没留心它，却又实实在在、真真切切地存在着。早市又像是一位称职的母亲，精心呵护滋养着小区的居民，得到了居民的承认、拥护与支持，给他们带来真正的方便和实惠。

如果你还没有享受早市的恩泽，不妨早起，走入早市，体验一下它的温柔、纯朴和自然吧！

（此文发表在《日照广播电视报》2005 年 11 月 23 日第 A9 版）

桂香醉人的夜晚

那一夜，我披一袭皎洁的冷月，走进了绿叶的青涩、桂花的馨香和寒蛩的鸣唱，石径上的卵石如情人的舌，吻着我的脚底，痒痒的，酥酥的，我的心漂在一方叫做"海"的公园湖泊里，在月的辉映下闪着凉光，清风柳浪如情人的轻飏的发，缠着我多情的脖颈，一如常青的藤，我感到了清爽。

"海"的岸边，白日里游晃在"海"里的游船都已歇息在残荷败蕊之间，松木做成的码头上似乎站着望乡的游子。不知为什么，我忽然有一种"以小见大"的感觉，自己仿佛是置身江南，就是拨着这其中的一艘小船离开了故乡，如今，站在异地的码头上，眺望家的方向……

淡淡的路灯下，似乎弥漫着朦胧的雾气，那是淡淡的桂花的香，想不到这小小的黄色的小花，竟能氤氲整座小园，醉了芭蕉，迷了玉兰，晕了香樟。

记忆中的人工小山顶，有一座亭，亭中有石桌石凳，是散步休闲的好去处，但我没有涉足攀登，因为幽深的林木下，小径掩映在密草碎花之间，变得更加狭窄，进出很不方便；更重要的，那里是年轻人谈情说爱的好去处，定然有火热的年轻的两颗心在碰撞，已近不惑之年的我，何必像惊扰栖息树林深处的鸟儿一样，惊扰两颗碰撞的年轻的心灵。

当弯月勾住亭子圆穹形的亭顶时，我也该离开这座小园了，但我的心留在了那里……

夜 色

夜，悄悄地将黑色的绒布罩在城市的上空，经纬的缝隙中漏下点点星光。远处、近处的盏盏灯火次第亮起，宛如一串珍珠项链，缠绕在深蓝色大海的颈项间，一直延伸到偏远的乡村。霓虹闪烁，流光四溢，车辆和行人如自由的鱼儿穿梭在夜色灯光中……

道路两旁霓虹流动，火树银花，闪射着小城的动感活力，隆隆的音响唱着流行歌曲，各个店铺使出浑身解数，招徕着饭后悠闲散步的人们，引得行人纷纷驻足，走进这家，又串进那家，在琳琅满目的商品中淘寻着自己的喜欢。

大小的酒店笼在一层薄雾里，飘出诱人的菜香，每一扇窗子的背后，都是一个欢乐而华丽的聚会，那吵吵嚷嚷的欢笑声，书写着生活的美好与幸福。门外一排排各种型号各种颜色的轿车，显示了生活在这个时代的人们物质生活的富有。

路上，一辆辆家庭轿车，急速地奔跑在回家的路上，明亮的车灯拖着长长的尾巴，仿佛琴键上飘起的五线乐谱，轻扬流畅。远处小区家属楼上的窗子，亮着鹅黄的温馨的灯光，那每一扇窗子的背后，都是一个温馨的故事。

"北京的金山上光芒照四方……"远处传来嘹亮的乐曲声，小区广场的高光灯下，热爱生活的人们，踏着节拍，跳起欢快的舞蹈，柔美的舞姿显示出生活的轻松与诗意；孩子们骑着自行车，滑着轮滑，风驰电掣般穿梭在人群中，仿佛一群群自由的鱼儿，遨游在蔚蓝的大海里；几对年轻的情侣，扬起羽毛球拍，轻扬的秀发飘扬着青春，在一片银色的灯光下，跳出青春的旋律；一群叽叽喳喳的小孩子正围在一起，热闹地讨论着，玩着石头剪子布。

夜，渐渐地深了，晚练的人们陆续告别，回到自己的家里，每一座楼上的眼睛都悄悄睁开，鹅黄的灯光里，氤氲着一个温馨和谐的家庭。电视机优美的音乐就如朦胧的夜雾，时断时续地飘来……

我伫立窗前，欣赏着这优美的夜色，醉了，醉在这份安宁、祥和、静谧的空气里……

冥冥中，我又想起那曾经黑暗、满街污泥、空气中弥漫着鱼腥气的"石臼"渔村——

几间破落的民房，茅草的屋顶，窄小的窗户，篱笆的围墙，简陋的单扇门……墙角，挂满了渔网、绳索和晾晒的干鱼，甚至还有一串红辣椒和一挂蒜瓣。每家门前的水门汀晒台上，都堆着一些晒得半干不干的希望。透过窄窄的窗户，室内的墙上贴着领袖像，冒着黑烟的油灯熏黑了黄泥抹平的墙壁，熏皱了老渔民的眉头，只有穿着褴褛的孩子们是兴奋的，他们围着饭桌在大人的呵斥声中追逐着，感受不到生活的艰辛和苦难。偶尔一只猫、一条狗散落在院落里，幽灵般的眼睛仰望着院落外深不可测的天空和冷冷的星星。空气中弥漫着海腥味，胡同里铺着的石板似乎永远没有干过，粘着一层黏黏的黑色污泥，也粘住了人们的脚。胡同里偶尔走过一个路人，"笃笃笃"的脚步声由远及近，小院的一声狗吠，将村庄的宁静戳开一个窟窿，接着整个胡同两侧居家的狗都会次第叫起来，将笼罩着整个村庄的夜又撕开了一道口子，很快又在路人渐行渐远的脚步声中自然缝合……

一阵凉风吹来，我打了一个寒战，短短几年，沧海桑田，这一片小渔村就变成了这样美丽的梦幻小城。我不愿多说，也不想多说。我只想永远沉醉在这份安宁、静谧、祥和的空气里……

变迁的大地，见证美丽的中国！

变迁的大地，孕育美丽的中国！

（此文发表于《大众网》2011 年 7 月 21 日）

旅游手机碎片

（一）出发延安

如同虔诚的穆斯林对待麦加的克尔白神庙，好似笃信的基督徒对待巴黎的圣母院教堂，朦胧的雾气中，我踏上了朝圣之旅。坐在疾驶在高速公路的汽车上，恹恹欲睡的我眼前老是上演着一群黢黑皮肤的藏民摇着转经，一步一叩地去大昭寺朝觐的电影——我要去延安，去踏寻领袖的足迹，感受党成长的历程。也想和贺敬之一起"双手搂定宝塔山"，还想走进路遥的《平凡的世界》的生活现实——黄土高原。

汽车的引擎狠狠地拽着我的思绪飞扬，刚刚驶上高速，询问司机说要经过十三个小时，下午才能到延安，可我的心早已飞到延河岸边、宝塔山前、窑洞顶端，似乎看到了烈烈的红旗漫卷黑红脸色头缠白羊肚毛巾的陕北汉子还有陈列着简朴家具的杨家岭和枣园的窑洞，听到了安塞腰鼓的轰轰隆隆冲锋军号的嘹亮拥军优属的唢呐声声和高亢的信天游……延安，我来了，我来看您，看您的黄色，黄色的土地；看您的红色，红色的历史；看您的绿色，绿色的生活……我用我的眼睛看，用我的心阅读，用我的爱细品，我想把你带走，让红色的延安精神走到黄海之滨，但是我不能把你带走，因为你属于陕北、属于黄土高原、属于中国、属于全国人民。

当汽车驶入河南西部，我看到了厚厚的黄土高原上长着葱茏的梧桐，偶尔悬挂着几盘废弃的窑洞，难道这就是华夏民族的根？曾经收藏着华夏民族的历史与辉煌？如今已是今非昔比，和经济发达的沿海地区已是明显两重天。

（二）壶口瀑布

汽车沿着高速路行驶，路边的标志"壶口"从蓝底白字的"120公里"变为红色的"前方风景区壶口瀑布"。我们的汽车沿黄河岸边高速逆溯而上，鬼斧神工的黄河河床就躺在我们身边，仿佛一位精瘦干练的已过中年的母亲，有的以黄土为岸，有的以浅黑的岩石为岸，河岸有的地方深达数十米，浅浅甚至断流的黄河水艰难地流淌着，几艘抽沙船像非洲难民黑瘦的婴儿，吮吸着母亲干瘪的乳房，我似乎感觉母亲河苟延残喘的叹息；终于到达壶口，一下车，在众多的游人身旁，气势磅礴的壶口瀑布呈现在眼前：激越，火烈，如一曲疯狂的摇滚乐，此时的母亲河就是一位激情四射的火烈的西班牙女郎，歇斯底里地跳着劲舞，唱着高亢的歌，她的脚边掀起如火的群褶，煽动起我的爱情……我爱你，黄河！我爱你的平静如帛，更爱你的热情似火，我也心疼可怜你为炎黄子孙流尽乳汁后的干涸枯竭……

（三）灰色的城市——曲阜

2010年5月，跟团去了曲阜，去拜谒万师之表——孔子。当大巴车载着我们一行二十多人经过三个多小时的高速飞驶，终于在11点多钟驶进这座县级小城——因为有了孔子而出名。

当车驶下高速，出了曲阜的高速路口，映入眼帘的全是灰黑色调，散发着古色古香，连现代建筑也在纯洁中渗透着灰黑，给人一种沉甸甸的凝重感。我们坐着环保电瓶车驶入孔庙、孔府、孔林，那参天的圆柏和侧柏多数都是在三四百年以上，有的多达上千年，有的已经被雷火劈死，干裂得张牙舞爪，让人心疼。那么多的树、建筑以及石碑，把几个大院落堆得拥拥挤挤，努力地向上、向周围扩展自己的天地，让人喘不过气来，这恰恰应了孔子的思想。再加上拥拥挤挤的人群，这座小城给我的感觉就是拥挤，因为灰黑色的主色调，显得陈旧，每一件文物上似乎都落着一层厚厚的尘埃，蒙住了历史的沉积，没有活气。

（四）黄河大桥上

当汽车在高速路上奔驰，我早早准备好相机，准备摄下你的柔姿——黄河，母亲河。

终于，在飞速流动的车窗外的风景中，你悄悄走入了我的视野——啊，这就是你吗？中华民族的母亲河？带着神圣，带着虔敬、带着朝觐，我快速从你的身上爬过——

你瘦削的容颜霎时呈现在我的面前，浑黄的脸色写着你的沧桑和一路奔波的疲惫，两旁的庄稼与芦苇，却清楚地写着你爱的滋润。这就是我向往已久心羡不已的黄河？也不过是几十米宽的一条黄色的河流而已，但是，就是这绵延几千里的她，孕育滋养了伟大的中华民族。我感到震撼，我为她瘦弱的身躯却创造了这么伟大的民族而感到自豪和骄傲。

（五）杭州

伴着桂花和香樟的馨香，和着西子湖畔的烟波和柳浪，携着宋城的古朴和战火，我走入了西子的心。她的每一寸肌肤上，都写着一份艺术——净慈寺的林子方，绿杨阴里的白沙堤，巍峨的雷峰塔，张岱的湖心亭，印月的三潭，苏堤的细柳，南屏的晚钟……这里的一草一木，都写着一个故事，唱着一首歌，吟出一首诗……

（六）周庄

当我再次以客人的身份叩响周庄张府和沈府的门环，我感受到的是古朴原生态的周庄也变得开放摩登了。双桥的石板上似乎还响着我初次拜访的足音，灰黄的河水边黑瓦白墙的民居，那的确是画家入画的素材，怪不得陈逸飞画了双桥，固然有根深蒂固的故乡情结，更是周庄的水、周庄的桥、周庄的民居催生了他的灵感。而这灵感，来自周庄深厚多进的院落的灵动的水源，摇船的船娘浓浓的吴音招呼着我的再次拜访。我在小白菜浣洗的"外婆桥"畔哼起久远的歌谣"摇啊摇，摇到外婆桥"。

（七）乌镇

当各色的旅游鞋磨亮了灰色石桥的石板，当外界的一颗颗浮躁的心搅乱了那溪流水，当南来北往的游客彻底打破了生活着茅盾这位伟大文学家的水乡院落的宁静，我不知道文学伟人如果生活在这个喧闹的环境，还能否创作出《林家铺子》等伟著。我知道，文学家是需要安静的。虽然导游说了那么多乌镇的来历，我感觉现在的乌镇是被我们弄"乌"的，我看到了被扰乱了生活的枕水而眠的老人们惊恐的眼神，他们也不得不适应潮流，在保安的监督下偶尔卖点旅游纪念品贴补生计。我的心碎了，碎在那嘈杂的人声里；我的心软了，软在那湾混浊的水的柔波里……

（八）夜游天安门广场

祖国，当我走进你的心脏，我感受到了你的心跳，欣赏到了你的美丽，感受到了你的渊博和厚重，体验到了你的拥挤与繁忙……当汽车驶下高速，我就睁大我的眼睛，让视野放得最开阔，阅读你高大的楼房、拥堵的车流、匆匆的行人和纵横的高架桥……走下汽车，第一脚踏上你的土地，我似乎是踏在你有五千年厚度的肩上，感到那样的稳重、踏实——

夜晚，华灯初上，霓虹纷呈，我随车流、人流经过神圣、神秘的中南海和故宫的围墙，那"湖面上映着"的"美丽的白塔"从悠悠的水面上、从竖立着洁白的栏杆的桥上走入我的视野，槐花的洁白与馨香铺满我脚下的路，踏着槐香、沐着玉兰灯的灯光，我们匆匆赶往天安门广场——

匆匆行走在合围粗的国槐掩盖的东西长安大街，铺着大理石板和灰色水泥砖的人行道以及沥青的车行道上，洒满鹅黄的槐花的香，似乎红地毯上奏起的婚礼进行曲，迎接着我这位远道而来的游子。

当我的眼睛还在宽阔的长安大街上逡巡时，同行的朋友提示让我发现了你的辉煌——天安门城楼，这四十年来我只能在画中见到的天安门城楼，此时就真实地矗立在我的眼前。也许，在我的心目中，这就是北京，这才是北京，天安门城楼，应该是北京的标志，北京的缩影，北京的北京，红红的围墙，磅礴的气势，高耸的华表，洁白的栏杆，霎时征服了我的心，洗去我坐了一天汽车颠簸的疲惫和从住处步行到天安门近十里的劳累。你坐南朝北，仿佛一双眼睛，平和地看着你对面的国旗、人民英雄纪念碑、人民大会堂、毛泽东纪念堂等，此时，真想俯下身子，趴在那光滑的大理石地面上，听听你的心跳声；真想张开双臂，拥抱你强壮的臂膀；真想，走近你，亲吻你宽阔的额头……华灯下的天安门城楼、人民英雄纪念碑、人民大会堂以及毛泽东纪念堂，散发着一份神秘，渗透着一份气势，书写着一份厚重，展现出一片辉煌……

当晚，与同行的同事提出在天安门广场过夜，第二天一早看升旗仪式，实际也想找一种游子躺进母亲怀抱的奢望，最终没有实现。但是，那晚，我的心留在了天安门广场。

生命的高度

朋友家刚搬住六楼，我家住二楼。

朋友妻多次唠叨买了六楼不方便，朋友似乎也有对不起妻子的感觉。

一日给朋友"烧炕"，哦，眼界大开，真可谓"欲穷千里目，更上一层楼"。远处灰蒙蒙的山，被薄雾包裹，仿佛踊跃的铁的兽脊似的，似乎是在一跃一跃的奔跑；被黝黑的松林包裹着的大海，白帆点点，渔船、轮船慢慢飘移，仿佛能嗅到海的馨香；周围鳞次栉比的高楼，绿树红瓦，甚至周围居民楼顶的太阳能热水器，也在楼顶闪着耀眼的光；矗立在半空中的塔吊，悠悠地旋转着，洋溢着这座年轻的城市的活力……"一览众山小"，一切历历在目。他们家的每一扇窗子，都成了一幅十足的活的风景画。

因为我自己住在二楼，所以每次走到二楼，就没再往上迈一个台阶，没有突破二楼的限制，每次即使闭着眼，走到二楼也会习惯地掏钥匙、开门、进屋、换鞋，只是置身于井底般看到四围楼房的卧室或者阳台的窗户，听到传来"呼呼"风声的抽油烟机，永远看不到六楼这么多远近层次分明的风景。

我说："朋友，你知足吧，在这楼上，你比我多看多少风景。"

朋友之妻调侃说："兄弟，我们每天要比你多吃三碗米饭。"

是呀，在登楼的过程中，当我走到二楼的楼梯时，就不自觉地想停止，脚也不再想往上迈，有一种"船到码头车到站"的感觉。等登上六楼，小腿肚多了几分酸辛，呼吸也加速，甚至大汗淋漓了。

"换个角度看问题，是呀，你们是比我们多费了一些力，但是，你们在无形中锻炼了身体，说不定比我们多活几十年呢。"我感慨地说。

……

由此，我想到了人生。人到中年，上有老下有小，处在人生关键时期。有多少人，走到了人生的二楼，满足于二楼的风景和温馨，萎缩了小腿肌肉，堵上了视野，闭塞了思维，不再进取。所以，他们永远看不到六楼外面的远山和大海，成了居住在二楼的"井底之蛙"。如果你想要看到外面的精彩世界，就要登上"六楼"，当然，这要经历一定的磨难，经历路过二楼、爬过三楼、四楼、五楼的肌肉酸痛，甚至还要流汗。如果你每天都能爬上六楼，也许你就不会感到劳累，那感觉是和每天登上二楼同样舒心的享受。

人生中我们也有好多次高原平台期，如果我们沉浸在原有的成绩或满足于已有的生活水准中，我们就不会进步，成为一个庸夫。

我们不能决定生命的长度，但我们可以决定生命的高度。努力一点，辛苦一些，付出一分，我们就能登上人生的"六楼"，看到楼群外面的风景。视野，就会更宽一些；眼光，就会更远一些……

（此文曾发表在《日照广播电视报》上）

墨韵睡莲

这是一幅韵味十足的《墨韵睡莲》，就挂在我对面的墙上，近在咫尺又遥不可及，洁白的宣纸上氤氲着浓淡的墨迹，那墨染之处和留白之间却散发着一种浓郁的思想——是一种自由的追随，抑或是自然的回馈。

一如娇冶的虞美人——墨韵睡莲，盛开的花瓣簇拥着珍珠的蕊，散发着悠悠的香，虽是只有黑白的色彩，但你流淌出的却是山里妹子蓝底白花的夹袄中挟裹着的朴实的美——溢满自然，又蓄足内秀。有的人喜欢雍容华贵，喜欢那霓虹下闪着荧光的洁白连衣裙的华尔兹，但我却喜欢你。也许这本身就是一种过错，因为现代人更多的都在忙碌着追求霓虹，追求艳丽的工笔画，而我，却在追随黑白的你，写意的你。

生命本身就是一场漂泊的漫旅，邂逅谁都是一次美丽的意外。当我在多彩纷乱的世界里蓦然发现了你，好像是一种心灵的默契，就深深地被你的黑白所吸引。久远的老子悟出了你的真谛，曾经的陶渊明也曾经走进了你。

在黑白之间、浓淡之间，我读出了你对青睐者的顾盼。似乎，你在冥冥中，渴望世界的每一个精灵都能成为你的臣子，俯首倾听你的教诲。可是，又有多少人能够读懂你的真情，特别在今天这个"快餐般"的生活节奏中，谁又能停下来驻足静心倾听你的心声。《梁山伯与祝英台》的悲剧永远是一幕悲剧，虽然它给世人留下了那么美好的爱情希望的种子，如果任其自然的话，也许后世不会再有这幕美妙的回忆。而我，却在满目的迷茫沧桑中与你携手，我们似乎有着一种夙愿。我醉了，醉在你的香里——花的香，墨的香，情的香，韵的香。虽然，你没有工笔的细描勾勒，没有艳丽的色彩，娇羞的容颜，你只是黑与白的搭配，但那水墨浅淡之间，却是悠悠的、悠悠的酒的魅力。

宋代哲学大家周敦颐曾说："可远观而不可亵玩焉。"我真的理解了这份价值，是一种幸福，更是一种痛苦。我真的想拥有，把你装在用我的心做的花瓶里，娴熟地走进你的心灵世界，仿佛出入自家的门。因为，你是可以让漂泊的心驻足的地方。可是，我不能，我只能像仰望太阳一样享受着你针灸的感觉，而又无悔地想用终生相守追随你。老子曾言：道可道，非常道；名可名，非常名。无，名天地之始；有，名万物之母。故常"无"，欲以观其妙；常"有"，欲以观其徼。此两者，同出而异名，同谓之玄。玄之又玄，众妙之门。墨韵睡莲，从你的身上，我读出了这份真谛，也读出了这份玄义——你我之间，只是一抹只可意会不可言传的相知相守，无需过分追求，只求彼此坚守，这就是一种美好。

墨韵睡莲，我将你装裱进以记忆所做的画框，挂在床头，每夜，都枕着你的馨香，在梦中与你幽会，这也是对你的真情！足了，足了，能有着一帘梦中的邂逅，我已心满意足，我已心满意足……

（此文发表在《日照广播电视报》2010年10月14日第12版）

让魅力与女性赴约

何为现代社会一个有魅力的女人？我认为，应该是外在的美丽与内在的涵养有机结合的"知识女性"。

"士为知己者死，女为悦己者容"，一副漂亮的外表是一个魅力女人不可缺少的资本。这种漂亮，既来自先天的容貌，更来自后天的雕琢。不管是未婚的女孩，还是已为人妻、为人母的家庭主妇，适当地参加"韩国的美容"隆隆胸、垫垫鼻梁、去去脂肪也未尝不可，穿着时尚一些也无可厚非，因为我们毕竟都生活在由别人构成我们自己的镜子里。但更重要的是，我们要从思想上、从内心里把自己打扮得充实漂亮些，从形式上增加我们的魅力底气。我们不难见一些女性，结婚前打扮得花枝招展，保持着窈窕的身材，很讨恋人的欢心，可是结婚以后，似乎有了一种"船到码头车到站"的感觉，特别是怀孕之后，也许因为身体的不便，变得不再注重仪表，不再注意细节，有些拖沓、懒散，甚至这种惯性一直延伸到婚后很长一段时间。邋里邋遢、不修边幅对男人来说可能算是一种"酷"，但它绝不属于女人。许多女孩在婚前曾经是众多男孩心中的偶像，在男孩心里她们就是美丽的化身，可是仅仅五至十年，当男孩再遇到这些女孩时，女孩在男孩心中却大煞风景，大打折扣，黄色干燥的脸庞、疲惫无神的眼睛、水桶似的腰板，松垮下垂的肌肤……这个中的原因就是我们女性自己不知道珍惜自己的形象，不注意把自己收拾得利索齐整一些。我们不要埋怨没有时间，鲁迅先生早就告诉我们："时间像海绵里的水，只要挤，总会有的。"不要只忙于照顾孩子、丈夫甚至公公婆婆，每天抽点时间，找点空闲，也收拾收拾自己，更为关键的是，要在思想上时刻让自己利索紧凑起来，让自己每天以鲜亮的姿态呈现在你的丈夫、你的情人、你的朋友、你的同事、你的上司眼前。女人的外在魅力在于齐整、紧凑、利落，那种披散着头发、趿拉着拖鞋的女性，在社会和生活中，永远不讨人喜欢。

"三个女人一台戏"，这一俗语大概是含有贬义色彩的吧。生活中，我们不难见到嘲说百态、唾沫淹人的女性，这在别人看来，呈现的不是你的睿智和聪慧，而是你的浅薄与无知。我敢说，十个男人中有九个是反感女人唠叨的。上帝造人的时候，为什么让我们人类拥有两个耳朵、两只眼睛、两只手、两只脚，而唯独只有一张嘴，而且这张嘴还要承担吃饭和说话两个功能，这就明确告诉我们要少说多做。很多女性不分场合、不分对象地谈孩子、谈丈夫、梳理婆媳关系，而这恰恰反映出她是一个平庸的女人，一个缺乏内蕴的女人。做女人，也要适当地学会缄默，学会在该说的时候说，而不该说的时候，千万别唠叨。说的时候，最好说普通话，一口标准的普通话，可以大大增强你的"城市魅力"，增加你的文化内涵，提升你在你的"镜子"里的品位。

如果说美丽和谈吐是一个魅力女人的通行证，那么学识和修养则是魅力女人的实力派。真正成为一个魅力女人，必须是学识渊博、素养深厚的"知识"女性。知识，是一个女人的内涵，更是其魅力的外露，它能够整合女性的温柔与刚强，是一个魅力女性永恒的保鲜剂。知识，不是带个金丝眼镜就能装出来的斯文，不是毫无边际的夸夸其谈，更不是故作深沉的缄默不语，也不是令人望而生畏的孤高自诩，它是魅力女性的"硬功夫"。如果具有一副姣好的容貌而没有知识支撑，那她充其量也不过是一个"花瓶"，可能会有瞬间的光彩，但不会具有永恒的魅力。一个具有永恒魅力的女性是拥有深厚的知识的，她具有知识的芳香和精神的气息，她仿佛是一方熨斗，熨抚得她周围的每一个人都服服帖帖。她是孩子的好妈妈、丈夫的好妻子、单位的好职工、同事的好姐妹……她的一笑一颦都是那么合适得体，她的一举一动都那么自然迷人，她能牵动周围人的神经，让每一个人生活在幸福和快乐之中。而能够成就这一切的，就是学习。从生活中学习，在书海中徜徉。生活，是一个十足的课堂，是色彩纷呈的大舞台，我们可以从中学到无穷的知识和道理，我们不可放过每一次学习的机会。与上司的一次交谈、与朋友的一次聚会、与家人的一次散步……无不体现和显示知识女性的成熟与稳健，张扬女性的魅力，我们应该注重这些细节，用女性特有的温柔、随和、聪明和智慧来润滑我们的生活、交际和社会，使其和谐健康发展，绝不可在各种情节中失去了自己的气节和涵养。苏霍姆林斯基说过："要天天看书，终生以书籍为友，这是一天也不断流的潺潺小溪，它充实着思想的河流。"读书，是成为知识女性的快捷途径，这里的"读"，是指真正的"读"，真正读出书中的思想、读懂文章的内涵，并将其内化为自己的素养，外化在自己的行为上。拥有知识，做一个现代社会的知识女性，具有知识的纯朴和精神的高尚，这是现代女人无穷的魅力。

让魅力与你赴约，姐妹们，你准备好了吗？

（此文发表在《日照广播电视报》2005 年 9 月 7 日 A9 版）

整理一下自己的"电脑"

临近期末，我的电脑运行速度越来越慢。打开电脑，满桌面的快捷图标令人目不暇接，C盘D盘内的各种文件也是一版屏幕容纳不下。整天忙于备课、批改学生的作业、管理班级等繁杂的事务，一直没时间整理电脑。今日是周六，学生们已陆续离校，我何不用这段空暇时间收拾清理一下我的电脑？该打包的打包，该删除的删除，该压缩的压缩，该归类的归类，该杀毒的杀毒……很快，杂乱无章的桌面、C盘D盘被我收拾得井井有条，各得其所。每个图标也一目了然，使用起来方便多了，电脑的运行速度似乎也加快了，我的繁杂的心绪一下也变得疏朗起来。

电脑是这样，生活不也是这样吗？我们的办公桌乱了需要收拾，否则将影响我们正常的工作；我们的房间乱了需要打扫，否则将滞碍我们有序的生活；我们的思维也需要适时的清理、调整，这样我们的生活、工作和事业才能有"源头活水"，常做常新。

快节奏的生活往往使我们无暇思考，无暇清理我们的思维，只知道埋头"拉磨"，却不知道抬头看路，结果身心劳累，事倍功半。"磨刀不误砍柴工"，在我们劳累之余，静心整理一下自己的思路，抛弃一些"垃圾"，对一些"文件"进行打包归类，对有用的"历史资料"建立新的"文件夹"……可以避免我们工作、生活和事业的盲目性、麻木感，增加我们工作的条理性、方向感，我们的心情也会变得更加愉快，做事业的节奏也将会更加快速。

朋友，忙里偷闲，别忘了整理一下你的"脑子"！

放弃，也是一种美

夕阳，晚风，落霞满天，一个来自遥远地方的旅行者拖着沉重的行囊疲惫地悄然而归，回到了曾经生之长之的那片故土。遥远征程，使他疲惫的并不是遥远的距离、坎坷的路途，而是鞋中的小沙粒。

人生的旅途要背负多少沉重的行囊？情、爱、忠、孝、名、利、权、健康、生命……当然也有那么多的"沙粒"，我们一定要决然选择、决然放弃无数的"沙粒"，否则我们将不堪重负，或痛苦于豆蔻华年，或烦恼于英年盛世，或后悔于大彻大悟的沧桑暮年……到头来忙忙碌碌一生却一无所获。

学会放弃，是一种醉心的美，怡人的美。

多余的脂肪会压迫人的心脏，多余的财富会拖累人的心灵，过分的追逐会增加生命的负担，过分的幻想会给精神套上沉重的枷锁……

勿要也无需太多的名、利、权，它们都是身外物，可是人心往往无足，欲壑难填。纵使头顶光芒四射，总有一天也会黯然失色；或许身畔鲜花簇拥，也总有凋谢的秋天，一片残枝败叶的萧条景象。百万富翁，守着万贯家财，带来的难道是欢愉？不，他们也有那么多的烦恼。金钱，生带不来，死带不走，够吃够喝稍有剩余就是幸福，可又有多少人做了金钱的奴隶，因为金钱而沦为阶下囚？权势，即使爬得再高，权力再大，也许能找到作为"人上人的感觉"，可又怎能保证身心的健康，精神的富有？当你"退居二线"的时候，当你不幸落难的时刻，再看看还有几人把你看成"人上人"？

不必也不用太多的"荣耀"，虚荣殆尽，当我们在夕阳中迈着蹒跚的步子走进生命的故乡时，你会发现，一切也不过是华梦一场。梦醒四望，难逃那可悲下场——最终也不过是黄土一抔。

人生在世短短几十载，本来就是一无所有而来，一无所有而去；功名禄利，金钱地位不过是过眼云烟，浮华一世却也似梦一场。这么多的东西到死时也带不进棺材，要来何用？又何必苛求？

懂得"放弃"，是一种智慧；学会"放弃"，是一种清醒，更是一种难得的追求。

放弃过多的名利，博得一片清心静气，活出一份难得的洒脱宁静；"出淤泥而不染"，平平淡淡才是真，做一个普通的老百姓，过个祥和平淡幸福的日子，如何？

放弃过多的金钱，但求"心里安定理亦得"，"金钱不是万能的"，有德尚为贵，唯德与日月齐光。

放弃过多的幻想，一切从实际出发，"画饼"不能"充饥"，要成功还得靠自己，过多的幻想是"雾中花，水中月"，不真不实，放弃它换来身心的轻松，拼搏的动力。

使人疲惫的不是远方的高山，不是路途的遥远，而往往是鞋里的小沙粒。走在人生的路上，我们很有必要学会随时随地地倒出鞋中的小沙粒，这样才能轻松上路。

抛弃那些繁文缛节，抛弃那些过眼云烟，学会放弃，以一颗平常心淡然对待每一天的日出日落，一切顺其自然。这样，你就会感到生活是如此快乐幸福！

（此文发表在《日照广播电视报》2006 年 3 月 1 日 16 版）

淡然人生

从我们呱呱坠地那一刻起，就开始了我们短暂而又漫长的人生。人生的道路是曲折的，没有绝对的平等，亦没有绝对的长短。但我们还是要一步一个脚印地坦然走下去，直到我们垂垂老去。

在这一路行程中，有的人疲于奔波，一生劳累；有的人醉生梦死，游戏人生；有的人整日郁闷，牢骚一辈子；有的人以苦为乐，生命散发出熠熠的光辉……疲于奔命的，感受不到生活的快乐；一生劳苦的，享受到的是生活的虐待；生命闪光的，收获的也不一定是幸福，众多政治、经济等领域的佼佼者的生活轨迹，就告诉着我们他们的痛苦……既然这样，我们又何必总有那么多的欲望？何必总是渴求生命的完美？完美是不存在的，真正的完美只存在于追求完美的过程中。

面朝大海春暖花开的海子要"从明天起，做一个幸福的人，喂马，劈柴，周游世界"，处于生命的肯綮之处的我们又该何去何从？上有老，下有小，生活的窘迫，事业的压力，人际的紧张，我们又该如何面对？松弛的弦射不出杳远的箭，但过于绷紧的弦一旦崩溃，就永远射不出人生的箭……

人始终都在追求快乐，但又无时不在沉郁，日落的时候有美丽的晚霞，狂风暴雨中也有风景。属于你的，总会属于你；不是你的，苦求也不会有所得。记得一位朋友劝我："抬头看看天，是不是晴朗的日子多一些？"我阴霾的思想一下子变得晴空万里，耳畔仿佛想起她铜铃般的笑声。是啊，哭，也是一天；笑，也是一天，我们又何必要自寻烦恼呢？有怎样的心境，就会有在怎样的人生。快乐，存在于每个人的心中！

当我们成功后，我们会欣喜若狂，但瞬间的欢快过后，仍然是平淡如水的生活；当我们失败的时候，我们会一蹶不振，但不出十天半月，心情仍会一片阳光。没有过不去的坎，没有走不过的"火焰山"，人类就是这样一群抗折腾的生命。做问心无愧的事情，别给自己留下后悔的机会。孩子淘气，权当作一种正常现象；夫妻吵架，理解成是生活的一味调料；人生苦短，我们又何必苦了自己。学会"傻瓜"一回，也许你会发现生活中的真、善和美……

当我们回首瞻顾的时候，总会发现人生是如此空白。每天祈望在生命的宣纸上涂上艳丽的色彩，却又感觉是那样单调……

淡然人生，并不是消极避世、无所追求，也不是剑拔弩张、过于苛求，任其自然，淡然地过好每一天，本身就是一种快乐！

轻轻地走在人生的路途上，向着大海，向着自然，向着自己的所爱……这，就是一种幸福！

随　想（外一篇）

总是有一种感觉，自己生活在一种空灵之中，周身裹着一层透明的冰，如刚从冰库取出的冰鱼，冷冷的，连同周围的空气和世界。

风挟裹着泥沙和残叶，吹刮着这个灰色的世界，太阳的温度不能融化我遍布全身的冰霜，我的心已在冰冷的冷库中死去，我的思想却如高耸入苍穹的楼顶，空空的，生活在缥缈的云的世界里，一如飘飞的风筝。

我企望世界的多彩带来我多彩的生活，可是，透明的冰却让我变得更加坚固，我失落了很多色彩，捡拾起的却是一次次的无奈，我的整个的身躯似乎已经空落得只剩一张瘦瘪的骨架。

僵死的心期望太阳的温暖，期望身边的世界充满蔚蓝色的海水，纯洁的，碧绿的，吮吸海水的苦咸，感受海草的缠绵，因为那是我应有的归宿。

当各色的窗帘内鹅黄的灯光次第熄灭，我空虚的心灵却膨胀得如同窗外的黑夜一样臃肿，外面静得可怕，我的心跳却是如此的清晰——"突突"的，似乎要挣脱我的胸腔，飘飞到空旷的黑夜中，随星星一起飘摇——我把黑夜当做自己的"家"了。

是的，一颗冰冷的心，一条僵死的鱼，一身坚固的冰，一副空虚的躯壳……渴望一方蔚蓝的海！

外一篇

正月初六的夜晚，口腹拾掇了点昨日的剩饭菜，于是带着一点节日的疲惫，习惯性地漫步太阳广场——想去散一散心，静一静心情，放松一下自己的神经。的确，一年的忙忙碌碌疲于奔波让自己很劳累，年前年后的迎来送往让自己身心疲惫。我需要休息，我想休息。

偌大的广场空旷少人，路灯发着幽幽的光，仿佛鳄鱼流下的眼泪。也许众人都在接灶爷，都在推杯换盏、沉醉于家的温馨和谐、酒的馥郁馨香吧？我不知道他们在放过鞭炮、烧过黄纸之后，是否问了灶爷上天后说没说他家的"甜言蜜语"？

我们都渴望别人说自己的好话，至于背后他们说没说我们的好话，只有像灶爷这样的抽象被信仰者自己知道。

我远离了鞭炮的声响，远离了烟酒的芳香，来到这方我心的港湾——周围很静，几乎没人，连昔日忙得热火朝天的健身器材，也静静地躺在草坪上。远处的桥梁、高楼大厦的霓虹灯火闪烁，似美人的眼睛刺激着你的神经。凉凉的空气吻抚着我的脸颊，我喜欢这样的空气、这样的环境、这样的夜色。于是，我也拣三尺干净的沙滩，躺在软绵绵的黄色细沙上，听海，数星，读天，怀人，心里默念着"伊人"和"灯火阑珊"的经典，汹涌着自己忙碌奔波、早出晚归收入却不如做小生意的兄弟，想象着上班后的繁忙纷乱。我真想如一片落叶，皈依于树下那片湿润的草地，静静地空空地沉沉地睡去。我醉了，这才是真正的"醉"，酒的浓度和醇香只能麻醉我们的神经，充其量叫做"木"。

我敢肯定地说，大多数人喜欢这份宁静、这份皈依，可世俗的网却把我们装进圈养的"箱"。

文学是蚊子

今天，与几位文学发烧友交流，普遍认为：文学创作的最佳时间在午夜，在凌晨，在家人熟睡之后……所以，有人说，作家是夜猫子。可是，我要说，文学是蚊子。

白天，它栖息在某个黑暗的角落，淹没在生活的喧嚣和世俗的洪流中；夜晚，当鹅黄的灯光次第熄灭之后，当天鹅绒背后的故事已经变成鼾声，它便从黑暗的角落倾巢而出，嗡嗡闹闹的，钻进轻纱般的蚊帐内，用细细的口器吮吸着我肌肤里的水分、思想中的血液、情感的痒与痛……咬得我睡不着觉。于是，赶紧起身，噼里啪啦，一阵敲打，鲜红的血液便落满洁白的素笺。

小诗几首

面朝大海

春居青岛太平角八大关警官培训基地，房间枕海，迎面为太平角海滩，晨起，步于阳台，写下心情。

春暖花开，面朝大海。

海风习习，览海读浪。

渔歌唱早，礁石未眠。

鸥鸟翔集，渔船醒省。

细雨蒙蒙，绿树盈盈。

心海澎湃，情潮荡漾。

心仪伊人，在水一方。

鲛人在岸，对日流珠。

一堵墙

在我头颅的四周

有一堵黑色的古老城墙

如挂起的柏油路

板着严肃的正经面孔

无法用旧城改造的方式

把它——

打碎

我想用我的思维

开一罅纤细粉白的窗

借李商隐西窗剪烛带有余温的剪

将唐诗宋词剪成火红的窗花

贴在透明的玻璃上

如黎明的眼睛

我的笑靥……

爱如流火

爱

如七月的流火

炙烤着它主人的心

我撷取阿波罗的箭

射穿丘比特的羽翼

让它的羽毛

落满我的心底

滋润我爱的干涸……

窗

我站的窗边，

看不见你，

却看见你挂着天鹅绒的窗。

你看见我了吗？

对面那扇一尘不染的窗，

就是我瞩望你的眼睛……

雪

我把渴盼抛洒在空中，

于是，浪漫便飘洒在世界里；

我把记忆的雪白酝酿成画，

挂在墙壁上……

局长家的狗

（小小说）

　　局长别墅的门旁拴着一条狗，一条灰色的如牛犊一般的大狼狗。每天，狼狗吐着红红的舌头，龇着獠牙，两只时睁时闭幽幽的眼睛，坐在红褐色大门的门槛上，仿佛单位门前的石狮子。不过这狗有时还会摇头摆尾，是个活物，与门板上两尊金黄色的狮头门环相得益彰。

　　这条狗说来还有点来历，是局长的手下科长送的。为了让局长喜欢这条狗，也为了让狗喜欢局长，见了局长不乱咬，免得局长害怕，科长每天上班后都请局长外出"调研"狗市，并精心准备几块瘦肉、几根火腿肠等狗爱吃的食品，让局长走到那铁笼附近喂狗，让局长与狗加深感情。起初，狗见了局长和科长来就疯了般狂咬，铁链哗啦啦地响，连装狗的铁笼都被狗撞得东倒西歪，整个狗市的狗在这条狼狗的带动下，也都狂吠不止，吓得他们退避三舍。于是先是科长喂瘦肉，局长也跟着喂几块；后来局长和科长一起喂；再后来局长自己喂，科长在一旁看着。功夫不负有心人，天长日久，狗就与局长产生了感情，见了局长科长就摇头摆尾，一条疯狂的大狼狗在他们面前变成一条摇头摆尾温顺如猫的哈巴狗。顺理成章，科长将这狗买下来当作礼物送给了局长，让这狗给局长看别墅，据说花了科长一年多的工资。不久,科长升为副局长,其原来的位置被这狗代替——狗科长。

狗科长到局长家后,由于生活条件更好了,长得油光发亮,更加强壮,逢生人从局长别墅门前路过,便拼命蹦跳、狂吠、撕咬,红红的舌头如毒蛇的信子,脖颈上的毛根根竖起,尾巴上下左右旋转着呼呼生风,一副凶神恶煞狰狞可怕的样子,谁见谁怕,谁见谁躲。一时间局长别墅门前治安良好,门可罗雀,很多局长的朋友不再拜访局长,他们怵那条狗。但是,只要局长的黑色"鳖盖子"车来,狗科长就嗷嗷而叫,仿佛庆典时的礼炮,然后端坐正当,微笑着迎接局长和漂亮的局长秘书归来,局长对狗科长更加喜欢备至,要求副局长每天每顿必须保证给狗科长"三肉一汤"。

当然,人不来拜访,狗类却越来越多。一些流浪犬特别是春天发情的母狗却偏偏愿来这里,它们是看上了这条凶狠的狗科长,说不定不小心能怀上个"狗科长"的骨肉,哪天也能生个强壮如牛的"狗科长"。局长由于爱狗科长超过了爱自己的妻子,也就睁一只眼闭只一眼,给狗科长一点"风流的自由"。

狗科长为了永远讨得局长的爱心,昼夜坚守,废寝忘食。由于在局长别墅门前时间久了,狗科长也逐渐知道看人示威,对那些衣衫褴褛的乞丐、头箍白毛巾的农民、满身白涂料的农民工,就眼露凶光,如饿虎扑食,紧咬不放,也因此咬伤了几个跑得慢的人;见到衣冠楚楚、西装革履、从高级"鳖盖子"车里下来、手拎礼品盒的男人和漂亮的MM,狗科长则恭顺如猫,浑身软如无骨,偶尔还会举起前腿敬礼。为此,局长更加喜欢狗科长,到人事局编办专为狗科长要了一个编制,到组织部备案——狗副局长。

局长有时也把来访者送来的一些吃不了的过了保质期的"北京烤鸭""德州扒鸡""南京咸水鸭"之类的食物赏给狗副局长,于是狗副局长更加卖力,更加忠于职守。有时局长喝醉了,不敢上楼呕吐,只能在大门口呕吐,狗副局长就将局长的呕吐物舔食得干干净净,以至于后来局长即使喝得不多,一到门口看见这狗就想吐几口犒赏犒赏这狗副局长。开始,因局长呕吐物中的"茅台""五粮液"浓度太高,狗副局长醉过几次,有一次由于舔食"醉"了,朝着局长美丽的女秘书误咬了几声,差点被局长打到十八层地狱而丢了这副局长的位子。后来他就注意了,即使醉了,咬谁也不能咬局长秘书。再后来,狗副局长就一点醉意也没有了,舔食多少也不会醉。

狗副局长过着这种"一人之下,万人之上"的生活感到很满足。可是,天有不测风云,人有旦夕祸福。有一天,局长东窗事发,实际上狗副局长从别墅窗帘后面的"局长故事"里早就读出了这一天。局长因为贪污、受贿等经济问题被抓,别墅也被翻抄得不成样子，警察来翻抄的那一天，狗副局长没敢乱咬乱吵。局长出事那天夜里，夜黑风高，看着空荡荡的别墅，狗副局长也害怕了，嗷嗷低吟着转着圈儿。

半夜里，来了几个黑影，一阵乱棍，将狗副局长打死了。

后来有人说狗被那几个黑影剥皮剔骨煮了狗肉汤吃了狗肉，有人说狗被扔进了垃圾箱腐臭变烂生了蛆变了苍蝇……究竟如何，我们不得而知。

后 记

天空中没有鸟的痕迹，但我已飞过。

——泰戈尔《流萤集》

作为一名教师，出一部能够给他人带来启思的作品，应该是梦寐以求的心愿。当决定把多年来在笔端流淌、键盘敲击的文字删添堆砌的时候，才发现这些文字以及文字所表述的内容只不过是自己教育行程中的琐碎剪影，随着渐行渐远的脚步而一路后退，散发出青草的味、尘土的香，勾起了悠远的美好情愫。

德国诗人荷尔德林说："人，诗意地栖居。"教师，也应该诗意地行走，用自己的云卷云舒，用自己的花开花落，用惊心动魄、风雨雷电，也用轻柔如水、恬淡娴静……用我们的思想与理性，甚至个性，迈开思想的舞步，共鸣时代的脉搏，营造教育的诗意，契合心灵的呼应，唱出行者的交响……且行且吟，且歌且走，一路走来，承载和收获的是诗画人生、幸福快乐。"我诗中的天堂正是我心中的理想。"（泰戈尔语）我努力行走，铮铮拔节，希望用自己的真诚与敬意，给朋友以反思与启迪。

本书是我——一位一直坚守在教学一线的平凡的人，对自己半生教学生涯的总结，来自于实践，更带有"草根性"：有对教育的理性思考，有对教学的民主构建，有对课文的个性解读，有对学校经验的经典总结，有对学生的良苦用心，有对故乡的赤诚眷恋，有对生活的独到体验……是机智和策略，也是思想和实践。期望它能为刚刚走上或即将走上工作岗位的"新"教师指引努力奋斗的方向，也为进入不惑之年或而立之年的"老"教师带来启思的阳光。我愚钝的头脑让我的理论肤浅，我思维的缓慢让我的视野局限，我笨拙的手敲不出您"十分满意"的文字，但我想用诚意和体验给大家留下一抹光线。

"我将不停地走啊，不停地歌唱。"（叶芝语）《诗意地行走》，用"地"而不用"的"，是一个"驿站"，而不是"终点"，我只想和朋友们一起，相携相伴，行走在追随"乌托邦"的路上——以一种诗意的心态，来享受教育，感受幸福。